INHALT

Die Bäume und Sträucher in diesem Buch sind nach Blattarten geordnet.
Vergleiche die Blätter und finde den richtigen Steckbrief.

Holger Haag

Welcher Baum ist das?

85 HEIMISCHE BÄUME & STRÄUCHER

KOSMOS

Impressum

Mit Illustrationen von: Marianne Golte-Bechtle/Kosmos: S. 5 o., u.l., 11, 13 r., 15 r., 16, 17, 18, 19, 20, 21 l., 22 l., 23 l., 30, 26, 27, 28 m., 32 l., 33, 34, 36 o.r., m.r., u.r., 39 r. beide, 48 l., 49, 50, 51, 52 r., 58, 59, 63, 69, 70, 75, 76, 77, 82, 85, 84 r., 87, 91, 95, 96, 97 o., 98 o.r., 103 o., 109; Paschalis Dougalis: S. 36 m.l. 62 u.; Sigrid Haag/Kosmos: S. 22 r., 98 o.l., 103 u.; Esther von Hacht: S. 100, 104 m., 106; Reinhild Hofmann: 47; Sonja Schadwinkel: S. 5 m. beide, r.u., 10, 12, 13 l., 14, 21 r., 23 r., 24, 25, 29, 31, 32 r., 38, 39 l., 40, 41, 42, 35, 37, 43, 44, 45, 46, 48 r., 53, 54, 55, 56, 57, 52 l., 60, 61, 64, 65, 66, 67, 68, 71, 72, 73, 74, 78, 79, 80, 83, 86, 88, 89, 90, 97 m.; Roland Spohn/Kosmos: S. 15 l., 84 l.; Steffen Walentowitz: S. 81, 94 u.r., 104 u.; Sigrid Walter: S. 98 u.; Steffen Walentowitz: S. 94 u.l.

Mit Farbfotos (D = Dreamstime.com, F = Fotolia.com, I = iStockphoto.com, S = shutterstock.com) von: Andriikoval/F: S. 62; Gottfried Auer, www.dirndltal.at, www.rabenstein.gv.at: S. 39; babelsberger/F: S. 81; Ingo Bartussek/F: S. 22; Bcollet/D: S. 88; beerphotographer/F: S. 82 o.r.; Heiko Bellmann: S. 31, 35, 61; Martina Berg/F: S. 8 l., 99 l.,107 u.l.; Bildagentur Zoonar GmbH/S: S. 58; Bonderenko/S: S. 107 u.r.; Daniel Bujack/F: S. 95 m.;Nigel Cattlin/Holt Studios/OKAPIA: S. 43; Paul Cowan/ D: S. 33; Crisma/I: S. 93 o.; Ewe Degiampietro/F: S. 30; dietwalther/F: S. 69; ebraxas/F: S. 101 o.; Elena Elisseeva/D: S. 46; empire331/I: S. 103 u.r.; ernstboese/F: S. 105; Sonya Etchison/D: S. 54; Farek/D: S. 66; felinda/F: S. 102 u.; Ferdl/F: S. 23; ferkelraggae/F: S. 87; ferkelraggae/F: S. 103 u.l.; fotoVoyager/I: S. 95 o.; fux/F: S. 89; Philipp Gabrys/F: S. 97 u.r.; Nemanja Glumac/D: S. 60; Stu Griffith/D: S. 25; Petra Gurtner/F: S. 53; Benjamin Haas/F: 92 o.l.; Frank Hecker: S. 28, 82 u.l.; Frank Hecker/Kosmos-Archiv: S. 77 u.r.; Ramona Heim/S: S. 101 u.r.; Henrik_L/I: S. 11; HLPhoto/F: S. 84; ingwio/F: S. 92 o.r.o.; Liebgard Jennerich: S. 80; Jinyoung Lee/D: S. 48; joruba/I: S. 96; Christian Jung/F: S. 20; kcv/S: S. 101 u.l.; Andrey Kiselev/ F: S. 9 o.; Adam Klees: S. 65; Eileen Kumpf/F: S. 77 m.; Wolfgang Kruck/F: S. 92 o.r.u.; Blaz Kure/D: S. 37; Kybele/F: S. 59; lakeemotion/F: S. 100; Morgan Lane Photography/S: S. 103 m.; Jens-Peter Laub/OKAPIA: S. 8 r.; Hans E. Laux: S. 24; Alfred Limbrunner: S. 67; Jo Lomark/S: S. 9 u.l.; Lupico/F: S. 93 u.l.; Robert Maier/OKAPIA: S. 78; Maljalen/F: S. 70; Cosmin Manei/S: S. 106 l.; Marcel/stocksy.com: MariaBobrova/F: S. 34; momentsoutside/F: S. 76; morpheus/F: S. 29; Marion Neuhauß/F: S. 15; NigelSpiers/F: S. 49; Madeleine Openshaw/D: S. 21; orxy/F: S. 92 u.r.; palinchakjr/I: S. 50; Martin Partsch/OKAPIA: S. 32; PoseForTheMankey/iStokphoto.com: S. 94 m.; Roman Pyshchyk/S: S. 102 o.; redmal/I: S. 94 o.; Hans Reinhard/OKAPIA: S. 72; Rimantas Abromas/D: S. 56; Rinelle/I: S. 95 u.; JuriSamsonov/S: S. 97 u.l.; Santos06/D: S. 74; Christian Schön/Tourismusverein Bordesholmer Land: S. 41; M. Schuppich/F: S. 17, S. 18, S, 51, S. 107 o.; Andrej Semenov/D: S. 86; Shaman/F: S. 91; Smileus/F: S. 92 u.l.; Sofiaworld/I: S. 47; Soyka/F: S. 27; Patrik Stedrak/F: S. 85; Wally Stemberger/D: S. 14; Branko Srot/F: S. 19; Juris Sturainis/S: S. 9 u.r.; M.R. Swadzba/S: S. 106 r.; sybanto/S: S. 104; Tabee/I: S. 99 r.; Tamara Kulikova/D: S. 55; Tatarszkij/D: S. 90; David Thyberg/F: S. 26; Van Truan/D; S. 79; Janine Fretz Weber/F: S. 26; Julia Freemann – Woolpert/D: S. 64; YK/F: S. 63; Marlene Zagajewska/D: S. 83.

.... Aquarelle (Blätter) von Sigrid Walter, Würzburg und mit zwei Symbolen von Torsten und Carsten Odenthal, Köln (Landschaft, Größensymbol).

Umschlaggestaltung von Gramisci Editorial Design, Cornelia Sekulin, München, unter Verwendung einer Fotografie von Maxim Blinkov/Shutterstock.com.

Klappengestaltung von Gramisci Editorial Design, Cornelia Sekulin, München, unter Verwendung von Farbzeichnungen von Wolfgang Lang; S/W-Zeichnungen von G. Zaunar/Kosmos... .... Aquarellen: Apici.budini, Marianne Golte-Bechtle: Holunder; Martina Berg/Fotolia.com: Schwarz-Erle; Frank Hecker: Fichte; juliasv/Fotolia.com: Birke; Gerhard Kohnle: Weiß-Tanne; pholidito/Fotolia.com: Rot-Buche; M. Schuppich/Fotolia.com: Platane.

Unser gesamtes lieferbares Programm und viele weitere Informationen zu unseren Büchern, Spielen, Experimentierkästen, DVDs, Autoren und Aktivitäten findest du unter **kosmos.de**

MIX
Papier aus verantwortungsvollen Quellen
FSC
www.fsc.org
FSC® C015829

Gedruckt auf chlorfrei gebleichtem Papier

© 2017, Franckh-Kosmos Verlags-GmbH & Co. KG, Stuttgart
Alle Rechte vorbehalten
ISBN: 978-3-440-15246-1
Redaktion: Dr. Heike Herrmann, Franka Nickel
Gestaltungskonzept: Britta Petermeyer
Satz: Walter Typografie & Grafik GmbH
Produktion: Verena Schmynec
Druck und Bindung: Printer Trento
Printed in Italy / Imprimé en Italie

Haftungsausschluss:
Alle Angaben in diesem Buch erfolgen nach bestem Wissen und Gewissen. Sorgfalt bei der Umsetzung ist indes dennoch geboten. Der Verlag und der Autor übernehmen keinerlei Haftung für Personen-, Sach- oder Vermögensschäden, die aus der Anwendung der vorgestellten Materialien und Methoden entstehen können.

Der Verlag hat versucht, alle Urheber ausfindig zu machen. Sollten Sie Urheber verwendeter Bilder sein, jedoch nicht im Bildquellenverzeichnis stehen, wenden Sie sich bitte an den Verlag.

Inhalt

Hallo, liebe Baumfreundin und lieber Baumfreund!

In diesem Buch findest du rund 85 der häufigsten einheimischen Bäume und Sträucher. Sie wachsen in Wäldern, in Hecken zwischen Feldern, in Gärten und Parks. Einige findest du nur in der Nähe von Gewässern, andere nur in der Stadt. Viele Bäume fallen durch ihre farbenprächtigen Blüten auf, andere haben Blätter mit leicht erkennbarer Form, und häufig kannst du die Bäume an ihren außergewöhnlichen Früchten bestimmen.

Bestimmen leicht gemacht

Die jeweilige **Farbe** am oberen Rand jeder Seite hilft dir bei der Suche nach den verschiedenen Baum- und Straucharten. Die unterschiedlichen Farben der Kapitel bezeichnen die verschiedenen **Blattformen**. Anhand der folgenden Blattformen sind die Bäume und Sträucher in diesem Buch eingeordnet:

Blätter mit glattem Rand

Blätter mit gezahntem Rand

Blätter mit gelapptem oder gebuchtetem Rand

Zusammengesetzte Blätter

Nadelblätter oder Schuppenblätter

Neben den Symbolen links findest du rechts zu den unterschiedlichen Blattformen Beispiele aus dem Buch.

Außerdem findest du auf jeder Seite noch folgende Zeichen:

Der Text neben dieser **Landschaft** verrät dir, wo du den Baum oder den Strauch am ehesten findest. Also ob der Baum am Waldrand oder auf feuchtem Boden wächst, ob es ein typischer Parkbaum ist oder ob er oft in Hecken wächst.

Damit du ungefähr abschätzen kannst, wie groß der Baum ist, der auf der jeweiligen Seite vorgestellt wird, steht unten vor der **Größenangabe** in Metern ein Zeichen, das dir sagt, ob der Baum generell eher klein, mittelgroß oder groß ist:

Dieses Zeichen heißt, dass der Baum oder der Strauch bis zu ca. 7 m hoch ist. Ein Haselnussstrauch ist zum Beispiel ca. 5 m groß, deshalb steht bei ihm dieses Zeichen.

Steht dieses Zeichen vor der Größenangabe, weißt du, dass der Baum zwischen 7 und 20 m groß ist. Wahrscheinlich kennst du einen Zwetschgenbaum, der fällt mit seinen ca. 10 m in diese Kategorie.

Besonders große Bäume, wenn sie also über 20 m hoch sind, werden mit diesem Bild gekennzeichnet. Eine Ess-Kastanie ist mit ihren 30 m zum Beispiel ein großer Baum.

Die **farbige Leiste** ganz unten auf der Seite zeigt dir auf einen Blick an, in welchen Monaten der Baum oder der Strauch blüht. Die Ahornblättrige Platane blüht zum Beispiel im Mai, deshalb ist auf der Seite der Platane dieser Monat farblich markiert.

Die große Illustration zeigt dir immer die wichtigsten Merkmale des Baums oder des Strauchs, einen Zweig mit Blättern, Blüten oder den typischen Früchten. Manchmal zeigen kleine Striche mit Erklärungen die auffälligsten Kennzeichen und machen so das Bestimmen einfacher. Bei einigen Arten gibt es zusätzliche Abbildungen, die dir Besonderheiten zeigen oder das Erkennen erleichtern.

Die hellblauen **Wichtig zu wissen!** -Kästen verraten dir interessante Zusatzinfos über die Bäume und Sträucher. Die grünen **Schau genau!** - und die gelben **Mach mit!** -Kästen geben dir Tipps zum Beobachten und Selbermachen. In den orangefarbenen **Erstaunlich!** -Kästen findest du verblüffendes Detailwissen oder Rekorde.

Der **Totenkopf** ☠ warnt dich vor sehr giftigen Pflanzen, die du auf gar keinen Fall in den Mund nehmen oder anfassen darfst. Hast du eine dieser Pflanzen angefasst, wasch dir auf jeden Fall die Hände. Diese Warnhinweise solltest du unbedingt beachten!

Vorsicht!

Generell gilt: Wild wachsende Pflanzen oder Pflanzenteile niemals in den Mund nehmen oder gar essen! Denn viele Pflanzen, selbst wenn sie in diesem Buch kein Totenkopfsymbol tragen, sind ungenießbar oder leicht giftig. Von einigen Bäumen und Sträuchern kannst du die Früchte essen oder aus den Blüten und Blättern einen leckeren Tee zubereiten. Vorher solltest du die Pflanze aber immer einem Erwachsenen zeigen, der sich damit gut auskennt, und deine Eltern um Erlaubnis fragen.

Baum oder Strauch?

Nicht immer ist es leicht zu erkennen, ob du einen Baum oder einen Strauch vor dir hast. So mancher Strauch sieht aus wie ein kleiner Baum. Deshalb sind hier auch einige der häufigsten Sträucher aufgeführt. Genauso kann ein kleiner Baum wie ein Strauch aussehen, besonders in der Stadt oder im Garten, wenn ein Gärtner sie beschneidet.

Ein typischer Baum, zum Beispiel eine Buche, hat einen festen durchgehenden Hauptstamm. Davon gehen die Seitenäste und die beblätterten Zweige ab

und bilden eine Baumkrone. Ein Strauch wie die Haselnuss hat dagegen mehrere gleich große Hauptstämme, die von unten her verzweigt sind und immer wieder durch neue Triebe aus dem Boden ergänzt werden.

Buche   **Haselnuss**

Und außerdem ...

Du willst nicht nur bestimmen, sondern auch noch Tipps bekommen, was
man alles Spannendes rund ums Thema Baum und Wald **selbst erleben**

kann? Dann schau dir die Seiten 92
bis 107 an. Hier erfährst du beispiels-
weise, was du alles im Wald spielen
oder wie du dir eine Blattsammlung
anlegen kannst. Außerdem findest
du dort **weitere Infos** über Bäume,
Sträucher und den Wald allgemein,
zum Beispiel wie ein Baumstamm
aufgebaut ist oder warum der Wald
für uns Menschen so wichtig ist.

Im Herbst macht es Spaß, die bunten
Blätter zu sammeln.

Raus in die Natur!

Natürlich im Wald, aber auch in der Stadt und in den Parks wirst du die
meisten Bäume und Sträucher aus diesem Buch finden. Doch Vorsicht, hier
werden auch viele Gehölze gepflanzt, die nicht heimisch sind, sondern aus
anderen Ländern stammen und in diesem Buch nicht abgebildet sind.

Um Bäume und Sträucher bestimmen zu können, brauchst
du außer diesem Buch nicht viel. Vielleicht
nimmst du noch eine Lupe oder ein Fernglas
mit, um dir bestimmte Merkmale genauer
ansehen zu können. Und wenn du dir etwas
notieren möchtest, brauchst du
natürlich noch Stift und Papier.

Lupe

Fernglas

Nun aber raus in die Natur und viel Spaß
beim Bestimmen und selbst Erleben!

Die Rot-Buche

Die eiförmigen Blätter mit dem welligen Rand sind im Frühjahr leicht behaart, später glatt und glänzend. Eine graue, glatte und glänzende Rinde umgibt den Stamm. Die dreikantigen Früchte, die Bucheckern, kennt fast jeder. Die Bucheckern schmecken leicht nussig und werden von vielen Tieren (zum Beispiel von Mäusen, Eichhörnchen oder Bergfinken) gefressen. Zu viele solltest du aber nicht davon essen, da sie ein leichtes Gift enthalten.

Erstaunlich!

Buchen sind enorme Sauerstoffproduzenten. Ungefähr 200 000 Blätter hängen an einem Baum. An einem sonnigen Tag produzieren sie den Sauerstoff für ca. 50 Menschen. Dafür braucht die Buche etwa 400 Liter Wasser, die über die Blätter verdunsten.

Bucheckern mit stacheliger Fruchthülse

Die Rot-Buche ist der häufigste Laubbaum in unseren Wäldern. Du findest sie überall, vom Flachland bis in die Berge.

Die Rot-Buche wird bis zu 40 m groß.

Die Rot-Buche blüht von April bis Mai.

| Jan | Feb | Mär | Apr | Mai | Jun | Jul | Aug | Sep | Okt | Nov | De |

☠ Der Buchsbaum

Die Blätter sind nur ca. 3 cm lang, länglich oval und fühlen sich fest und ledrig an. Die Oberseite glänzt dunkelgrün und der Blattrand ist nach unten umgeschlagen. Die Blüten wachsen in kleinen gelblich weißen Büscheln in den Blattachseln und liefern den Bienen reichlich Nektar. Die kleinen, grünen, kugeligen Früchte mit ihren drei Hörnern sind dagegen eher unauffällig.

Früchte mit drei Hörnern

Erstaunlich!

Der Buchsbaum hat eine ganz raffinierte Verbreitungsmethode: Wenn die Samen zu Boden fallen, verströmt eine Samendrüse einen Duft, der Ameisen anlockt. Diese schleppen die Samen dann weg, fressen aber nur die duftende Drüse. Das Samenkorn bleibt ganz und kann zu einem neuen Buchsbaum werden.

Der Buchsbaum ist in Parks und Gärten verbreitet, wo er gern als Beeteinfassung oder Busch angepflanzt wird. Er lässt sich sehr gut schneiden und es können richtige Kunstwerke daraus geformt werden. Ursprünglich stammt er aus Süd- und Westeuropa. Nur in Süddeutschland gibt es wenige natürliche Standorte.

Der Buchsbaum wird bis zu 8 m groß.

Der Buchsbaum blüht von März bis April.

| Feb | Mär | Apr | Mai | Jun | Jul | Aug | Sep | Okt | Nov | Dez |

Die Kornel-Kirsche

Der Strauch oder kleine Baum ist mit seinen gelben Blüten einer unserer ersten Frühlingsboten. Die eiförmigen Blätter erscheinen erst nach der Blüte. Auf dem Blatt erkennst du sechs bis zehn gebogene Blattadern. Ab August sind die süßsäuerlichen roten Früchte reif. Sie haben im Verhältnis zum Fruchtfleisch einen großen Kern, was die Verarbeitung zu Marmelade sehr mühsam macht.

Eigentlich stammt die Kornel-Kirsche aus Südosteuropa, aber wegen ihrer Früchte wurde sie auch in Deutschland angepflanzt. Hier steht sie gern an warmen Standorten. Du findest sie an Waldrändern, Hecken und trockenen Hanglagen. In Gärten und Parks wird sie häufig gepflanzt.

Wichtig zu wissen!

Das Holz der Kornel-Kirsche ist besonders hart, schwer und zäh. Das wussten auch schon die alten Griechen und Römer, denn aus diesem Holz ließen sich die besten Speere und Lanzen herstellen. Auch der Bogen des Odysseus soll aus dem Holz der Kornel-Kirsche gefertigt sein.

Die Kornel-Kirsche wird bis zu 8 m groß.

Die Kornel-Kirsche blüht von Februar bis April.

Jan | Feb | Mär | Apr | Mai | Jun | Jul | Aug | Sep | Okt | Nov

☠ Der Blutrote Hartriegel

Seinen Namen verdankt der Blutrote Hartriegel der Herbstfärbung seiner Blätter und den roten Zweigen der jungen Triebe, die besonders im Winter auffallen. Die Blätter ähneln der Kornel-Kirsche, haben aber einen welligen Blattrand. Ab Mai schmücken die stark riechenden weißen Blüten den Strauch.

Wichtig zu wissen!

Im Gegensatz zu den leicht giftigen Blättern und der giftigen Rinde sind die reifen, etwa erbsengroßen schwarzen Früchte essbar. Sie schmecken aber bitter, du solltest sie lieber den Vögeln überlassen.

roter Stängel

Der Blutrote Hartriegel ist häufig und weit verbreitet. Du findest ihn leicht an Waldrändern und in Hecken, Gebüschen und lichten Wäldern.

Der Blutrote Hartriegel wird 2 bis 5 m groß.

Der Blutrote Hartriegel blüht von Mai bis Juni.

| an | Feb | Mär | Apr | Mai | Jun | Jul | Aug | Sep | Okt | Nov | Dez |

☠ Der Faulbaum

Der kleine Baum oder Strauch hat breite, eiförmige Blätter mit einer meist stumpfen Spitze. Seinen Namen verdankt der Faulbaum der unangenehm riechenden Rinde. Eher unscheinbar sind die kleinen grünlich weißen, glockenförmigen Blüten, eine wichtige Nahrungsquelle für Wild- und Honigbienen. Manchmal blühen diese noch, während der Baum schon seine rot-schwarzen Früchte trägt. Diese wurden früher zum Färben von Stoffen benutzt. Sie ergeben einen gelben Farbton.

Wichtig zu wissen!

Der Faulbaum wird auch Pulverholz genannt. Früher war das Holz sehr begehrt, da die Holzkohle des Faulbaumes für die Herstellung von Schießpulver gebraucht wurde.

Mit dem Schießpulver wurden Kanonen abgefeuert.

Den Faulbaum findet man häufig an Waldrändern, in Hecken und in Auwäldern. Er mag feuchte, nährstoffarme Böden.

Der Faulbaum wird bis zu 7 m groß.

Der Faulbaum blüht von April bis August.

| Jan | Feb | Mär | Apr | Mai | Jun | Jul | Aug | Sep | Okt | Nov | De |

Der Sanddorn

Der Sanddorn hat schmale, weidenartige Blätter.
Sie werden ca. 6 cm lang und sind nach
dem Blattaustrieb auf beiden Seiten
silbrig behaart. Auf der Oberseite fallen
die Haare später ab. Es gibt männliche
und weibliche Pflanzen. Die unauffälligen Blüten erscheinen vor dem
Laubaustrieb. Dagegen siehst du die
leuchtend orangenen Früchte
im Herbst schon von
Weitem. Aus ihnen wird
Marmelade oder Sirup ge-
macht. Die Ernte ist aber nicht
so einfach, weil der Strauch
viele kräftige Dornen hat.

Erstaunlich!

Wegen seines riesigen Wurzel-
systems wird der Sanddorn zur
Befestigung von Sandböden oder
steilen Böschungen angepflanzt.
Seine Wurzeln reichen ca. 3 m in
die Tiefe. In die Breite kriechen
sie sogar bis zu 12 m weit. Aus den
Wurzeln können auch neue Sträucher wachsen, sodass sich schnell
ein ziemlich dichtes Gebüsch bildet.

Blüte

Der Sanddorn wächst auf sandigen
Böden an der Küste oder auf Kies- und
Sandböden der Flüsse im Alpenvorland.
Der Strauch wird aber auch häufig als
Zierpflanze in Gärten, Parks und an
Straßenböschungen gepflanzt.

Der Sanddorn wird bis zu 6 m groß.

Der Sanddorn blüht von April bis Mai.

| Feb | Mär | Apr | Mai | Jun | Jul | Aug | Sep | Okt | Nov | Dez |

Der Chinesische Blauglockenbaum

Der Baum ist nicht nur wegen seiner blau-lila glockenförmigen Blüten bekannt. Ebenso fallen sofort die großen, bis 35 cm langen, herzförmigen Blätter auf. Der lange Blattstiel ist dicht behaart. Auch die Blätter haben eine samtige Behaarung. Die reifen Früchte sind eiförmig mit einer kleinen Spitze. Sind die Samen reif, öffnet sich die zweiklappige Frucht und entlässt die geflügelten Samen.

Der aus China stammende Baum ist vor allem in wintermilden Gebieten in Süd- und Westdeutschland verbreitet. Dort wird er gern in Parks oder als Straßenbaum gepflanzt. In den ersten Jahren ist er noch etwas frostempfindlich, aber später wird er vollständig winterhart.

Schau genau!

Wenn du frische Wurzelsprosse oder Sämlinge vom Blauglockenbaum findest, achte mal auf die Blätter: Im Vergleich zu den Blättern am Baum sind sie riesig. Wenn du nur die Blätter anschaust, kannst du ihn mit dem Trompetenbaum verwechseln, denn diese Blätter sind auch so groß und herzförmig. Aber die Blüten und Früchte der beiden Bäume sehen völlig verschieden aus.

Blatt und Blüte des Trompetenbaums

Der Chinesische Blauglockenbaum wird bis zu 20 m groß.

Der Chinesische Blauglockenbaum blüht von April bis Mai.

| Jan | Feb | Mär | Apr | Mai | Jun | Jul | Aug | Sep | Okt | Nov | D |

☠ Der Flieder

Am eindrucksvollsten sind die violetten, wahnsinnig gut duftenden Blütendolden. In Gärtnereien gibt es den Flieder auch in Weiß, Rosa, rötlicher oder gelblicher Farbe. Er kommt meist in buschiger Form vor, manchmal auch als kleiner Baum. Der Stamm wächst oft leicht gedreht und die Rinde lässt sich in langen Streifen ablösen. Die herzförmigen Blätter sind fest und haben einen glatten Rand. Über Wurzeltriebe breitet sich der Flieder schnell aus und kann so ein richtiges Dickicht bilden.

Ursprünglich stammt der Flieder aus dem östlichen Mittelmeerraum, wo er an Waldrändern und felsigen Hängen wächst. Bei uns wurde er vor ca. 500 Jahren eingebürgert, vor allem in Parks und Gärten. Von dort ist er gelegentlich verwildert, oft entlang von Bahndämmen. Durch die Klimaerwärmung könnte sich der Flieder noch stärker ausbreiten.

Wichtig zu wissen!

Aufgrund des herrlich blumigen Duftes ist der Flieder in vielen Kulturen ein Symbol der Liebe. Außerdem soll der Duft der Pflanze für Lachen und Freude sorgen und sogar schmerzlindernd wirken. Ihr wissenschaftlicher Name Syringia stammt übrigens aus dem Griechischen und bedeutet Pfeife, denn aus dem Holz haben sich früher die Schäfer ihre Flöten geschnitzt.

Der Flieder wird 2 bis 6 m groß.

Der Flieder blüht von April bis Mai.

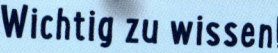

an | Feb | Mär | Apr | Mai | Jun | Jul | Aug | Sep | Okt | Nov | Dez

☠ Der Kirschlorbeer

Einer der beliebtesten immergrünen Ziersträucher ist der Kirschlorbeer. Seine länglichen, grün glänzenden Blätter sind sehr derb. Sie sehen ein bisschen aus wie die des Gewürzlorbeers, nur deutlich größer. Die vielen weißen Blüten bilden eine aufrecht stehende Blütenrispe. Im Herbst erscheinen dann die kirschgroßen schwarzen Beerenfrüchte.

Schau genau!

Auf der Blattunterseite, an der Mittelrippe, erkennst du zwei bis drei rötliche Punkte, das sind Nektarien. Die sitzen normalerweise in den Blüten, liefern den Nektar und locken die Bienen an, damit die Blüten bestäubt werden. Mit dem Nektar an den Blättern werden vor allem Ameisen angelockt. So schützt sich die Pflanze vor schädlichen Insekten, denn die Ameisen vertreiben oder fressen die Blätter fressenden Raupen und Käfer.

Dieser buschige Strauch stammt aus dem Kaukasus. Da er sehr schnell wächst und recht pflegeleicht ist, wurde er rasch zu einer der beliebtesten Heckenpflanzen in Gärten. Von dort breitet er sich auch in die Wälder aus. Das ist nicht gut, denn der Kirschlorbeer verdrängt die heimischen Pflanzen und mit dem giftigen Strauch können auch unsere Tiere nichts anfangen. Du wirst kaum Insekten an den Sträuchern finden.

Der Kirschlorbeer wird 2 bis 7 m groß.

Der Kirschlorbeer blüht von April bis Juni.

| Jan | Feb | Mär | Apr | Mai | Jun | Jul | Aug | Sep | Okt | Nov | De |

☠ Die Tulpen-Magnolie

Im April und Mai verwandelt sich die Magnolie in ein rosa oder weißes Blütenmeer. Die Blüten sind relativ groß, stehen aufrecht und sind glockenförmig. Erst nach der Blüte erscheinen die großen, bis zu 18 cm langen Blätter. Sie werden nach oben hin breiter und sind kurz zugespitzt. Die dunkelgrünen Blätter sind auf der Unterseite filzig behaart. Die Wuchsform ist oft strauchförmig, weil sich der Baum schon dicht über dem Boden stark verzweigt.

Schau genau!

Eher ungewöhnlich ist, dass die Magnolie im Spätsommer oder Herbst ein zweites Mal blüht. Es sind dann aber deutlich weniger Blüten und sie fallen wegen der Blätter auch nicht so auf.

Die Tulpen-Magnolie ist eine Kreuzung aus zwei Magnolienarten, die aus China stammen. Bei uns werden sie als beliebtes Ziergehölz in Gärten und Parks gepflanzt. Da sie sehr frostempfindlich sind, brauchen sie einen geschützten Standort, sonst werden nach einer frostigen Nacht die schönen rosa Blüten braun und fallen ab.

Die Tulpen-Magnolie wird 5 bis 10 m groß.

Die Tulpen-Magnolie blüht von April bis Mai und im August.

Die Echte Quitte

Die Blätter sind 5 bis 10 cm lang und auf der Oberseite stumpf grün. Die Unterseite ist dagegen dicht filzig behaart, ebenso anfangs auch die frischen, jungen Zweige. Die Blüten sind relativ groß, weiß bis rosa und sehen einer Apfelblüte sehr ähnlich. Im Herbst bilden sich duftende, leuchtend gelbe Quittenfrüchte. Neben der etwas eckigen Form erkennst du sie auch leicht an ihrer filzigen Behaarung, die aber auch schon abgefallen sein kann.

Mach mit!

Roh ist die Quitte eigentlich ungenießbar. Sie schmeckt recht bitter und das Fruchtfleisch ist ziemlich hart. Das liegt an den sogenannten Steinzellen. Das sind stark verdickte Zellen in der Frucht. Wenn du die Quitten kochst, werden sie aber weich und lassen sich zu Kompott, Marmelade oder Saft verarbeiten. Aus dem Saft kannst du ein leckeres Quittengelee machen.

Von den Römern wurde die Quitte aus Westasien erst in den Mittelmeerraum und später auch nach Mitteleuropa eingeführt. Da sie etwas frostempfindlich ist, wird sie vor allem in wintermilden Gebieten angebaut. Du findest sie vereinzelt auf Obstwiesen und in Gärten.

Die Echte Quitte wird bis zu 8 m groß.

Die Echte Quitte blüht von Mai bis Juni.

| Jan | Feb | Mär | Apr | Mai | Jun | Jul | Aug | Sep | Okt | Nov | De |

Die Birne

Die Blätter der Birne kannst du leicht von denen des Apfels unterscheiden. Sie sind glatt bzw. sehr fein gesägt, haben keine Haare auf der Unterseite und glänzen mehr. Die Blüten sind reinweiß mit fünf Blütenblättern. Wie beim Apfel gibt es auch bei der Birne sehr viele Sorten.

Wichtig zu wissen!

Spielst du Flöte, dann hast du vielleicht ein Stück Birnenholz in der Hand. Viele der Blockflöten werden wegen des guten Klanges aus Birnenholz gemacht. Ansonsten ist das Holz auch für den Bau von Möbeln sehr beliebt.

In Gärten und auf Obstwiesen stehen die meisten Birnbäume. In Süddeutschland findest du in warmen, lichten Laubwäldern und Felsgebüschen mit etwas Glück die Holzbirne, eine Wildform der Birne.

Die Birne wird 15 bis 25 m groß.

Die Birne blüht von April bis Mai.

| an | Feb | Mär | Apr | Mai | Jun | Jul | Aug | Sep | Okt | Nov | Dez |

Die Korb-Weide

Die langen, schmalen Blätter der Korb-Weide werden bis zu 15 cm lang und sind am Ende zugespitzt. Die Blattränder sind ein wenig nach unten gerollt. Auf der Unterseite ist das Blatt silbergrau behaart. Die frischen Zweige sind sehr lang, schmal und äußerst elastisch. Es gibt männliche und weibliche Bäume. Für die Bienen ist die Korb-Weide im Frühjahr einer der ersten Nektarlieferanten.

Blüten-kätzchen

Wichtig zu wissen!

Wie ihr Name schon verrät, werden aus den langen Weidenruten Körbe und andere Flechtereien gemacht.

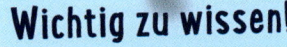 Die Korb-Weide ist in fast ganz Europa verbreitet. Sie wächst vor allem im Tiefland, kann aber in den Gebirgstälern auf bis zu 800 m vorkommen. Sie steht an sonnigen Stellen an Fluss- und Bachufern, in Auwäldern oder auf Feuchtwiesen.

Die Korb-Weide wird 2 bis 10 m groß.

Die Korb-Weide blüht von März bis April.

Die Sal-Weide

Die Blätter der Sal-Weide sind sehr unterschiedlich, von schmal und länglich bis rundlich und oval. Die Blattoberseite ist etwas runzelig, die Unterseite weich und graufilzig behaart. Es gibt männliche und weibliche Bäume, die ihre Blütenkätzchen lange vor den Blättern austreiben. Die Samen hängen an dünnen weißen Schwebehaaren und können vom Wind weit verbreitet werden.

Schau genau!

Für die Bienen ist die Sal-Weide wegen ihrer frühen Blütezeit ein wichtiger Nektar- und Pollenlieferant, denn viele andere Pflanzen blühen jetzt noch nicht. Auch die ersten Schmetterlinge des Jahres, wie den Zitronenfalter oder den Kleinen Fuchs, kannst du hier entdecken.

Sal-Weide in Blüte

Blattrand leicht gewellt

Blütenkätzchen

Die Sal-Weide ist eine Pionierpflanze, das heißt, sie siedelt sich schnell auf ungenutzten Flächen an. So findest du sie häufig an Weg- und Waldrändern, Steinbrüchen, Kiesgruben oder Lichtungen.

Die Sal-Weide wird bis zu 10 m groß.

Die Sal-Weide blüht von März bis Mai.

| n | Feb | Mär | Apr | Mai | Jun | Jul | Aug | Sep | Okt | Nov | Dez |

Die Silber-Weide

Die langen, schmalen und fein gesägten Blätter sind auf der Blattunterseite dicht weißlich behaart. Bewegen sich die Blätter im Wind, leuchten die silbrigen Blattunterseiten auf, woher die Silber-Weide ihren Namen hat. Es gibt männliche und weibliche Bäume, die ihre Blütenkätzchen mit oder kurz vor den Blättern austreiben. Die leichten und behaarten Samen werden vom Wind weit verteilt.

Diese häufigste Weidenart kommt bevorzugt in Auwäldern vor, aber auch am Ufer von Bächen, Flüssen und Seen.

Blattunterseite weiß behaart

Schau genau!

Die dünnen, rutenartigen Zweige werden zum Korbflechten genutzt, so wie auch die der Korb-Weide. Dafür werden die Zweige regelmäßig geschnitten und es entsteht eine sogenannte „Kopfweide". Vor allem an Gräben und Bächen werden die Kopfweiden als Uferbefestigung gepflanzt.

Aus den Zweigen der Kopfweide kann man Körbe flechten.

Die Silber-Weide wird bis zu 30 m groß.

Die Silber-Weide blüht von April bis Mai.

| Jan | Feb | Mär | Apr | Mai | Jun | Jul | Aug | Sep | Okt | Nov | De |

Die Bruch-Weide

Die jungen Zweige brechen leicht ab und geben dabei ein knackendes Geräusch von sich, weshalb die Bruch-Weide auch oft Knack-Weide genannt wird. Die Blätter sind ähnlich der der Silber-Weide, aber ganz unbehaart. Wie bei allen Weiden gibt es männliche und weibliche Blüten.

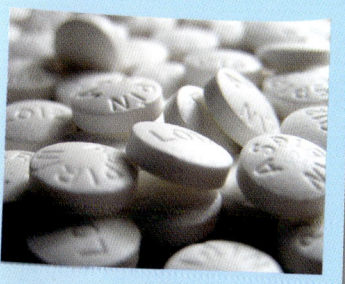

Wichtig zu wissen!

Schon die alten Griechen wussten, dass man mit einem Extrakt aus Weidenrinde die Schmerzen stillen und das Fieber senken konnte. Den Wirkstoff, die Salizyl-säure, findest du in einem unserer häufigsten Medikamente wieder, in der Aspirintablette.

Die Bruch-Weide wächst vor allem auf sehr feuchten Böden, die auch mal überschwemmt werden können. Im Flachland und in Bergtälern findest du sie an Bächen, Flüssen und Seen.

Die Bruch-Weide wird bis zu 15 m groß.

Die Bruch-Weide blüht von März bis April.

an	Feb	Mär	Apr	Mai	Jun	Jul	Aug	Sep	Okt	Nov	Dez

Die Felsenbirne

Als Erstes erscheinen im Frühling die weißen, fünfblättrigen Blüten, die zu mehreren zusammenstehen und einen traubenförmigen Blütenstand bilden. Die Blätter sind eiförmig und haben einen fein gezahnten Rand. Die jungen Blätter sind anfangs behaart, werden aber später auf der Oberseite kahl. Im Herbst bekommen die Blätter eine leuchtend orangerote Färbung. Die kleinen Früchte sehen ein bisschen aus wie Heidelbeeren und schmecken sehr aromatisch.

Wichtig zu wissen!

Wenn du von den leckeren Früchten kosten willst, solltest du darauf achten, nur die reifen Früchte zu essen und nicht auf die Samen zu beißen. Sie enthalten nämlich einen Stoff, der Blausäure bildet. Das ist ein Gift, das Magen-Darm-Probleme macht. Aber keine Angst, wenn du die Kerne nicht in großen Mengen zerbeißt, passiert nichts.

Der Felsenbirnen-Strauch wächst an warmen, sonnigen und sehr steinigen Hängen der Hoch- und Mittelgebirge, meist auf kalkhaltigen Böden. Wegen seiner schönen Herbstfärbung und der schmackhaften Früchte pflanzen wir ihn in Parks und Gärten an.

Die Felsenbirne wird bis zu 4 m groß.

Die Felsenbirne blüht von April bis Mai.

| Jan | Feb | Mär | Apr | Mai | Jun | Jul | Aug | Sep | Okt | Nov | De |

☠ Die Berberitze

Mit ihren Blattdornen ist die Berberitze ein sehr wehrhafter Strauch. Die Dornen haben ein bis sieben Spitzen. Aus den Achseln der Dornen entspringen die eiförmigen, am Rand gezähnten Blätter. Wie kleine gelbe Glöckchen hängen die Blüten an traubigen Blütenständen. Im Herbst leuchten dann die roten länglichen Beeren am Strauch. Die sauren Früchte werden in einigen Ländern zum Kochen verwendet. Der Strauch hat eine typische Form, denn die Zweige wachsen anfangs sehr gerade, später hängen die Spitzen bogenförmig über.

Die Berberitze kommt in der freien Natur eher selten vor. Sie wächst im Süden Mitteleuropas auf kalkhaltigen Böden in Gebüschen, an Waldrändern oder in sonnigen Wäldern. In Gärten und Parks wird sie häufig angepflanzt. Oft werden auch ähnliche asiatische Berberitzenarten für Hecken oder Buschgruppen genommen.

Wichtig zu wissen!

In einigen Gegenden wurde die Berberitze gezielt von den Bauern ausgerottet. Sie überträgt nämlich den Getreiderost. Das ist ein Pilz, der bei Weizen, Roggen und Gerste zu schweren Ernteverlusten führen kann. Die heutigen Getreidesorten sind gegen die meisten Arten des Getreiderosts resistent.

Die Berberitze wird 1 bis 3 m groß.

Die Berberitze blüht von Mai bis Juni.

n	Feb	Mär	Apr	Mai	Jun	Jul	Aug	Sep	Okt	Nov	Dez

☠ Der Echte Kreuzdorn

Der Kreuzdorn ist ein sparrig wachsender Strauch, also ein Strauch mit seitwärts abstehenden, fast kreuzförmigen Ästen. Seine Zweige enden oft in einem Dorn. Der Rand der eiförmigen Blätter mit den bogenförmigen Seitennerven ist fein gesägt. Aus den Blattachseln wachsen büschelförmig die unscheinbaren grünlich gelben Blüten. Die schwarz glänzenden Steinfrüchte sind sehr giftig.

Wichtig zu wissen!

Vielleicht entdeckst du auf der Blattunterseite auch orangefarbene Flecken, das sind dann Sporenlager des Haferrostpilzes. Der nutzt den Kreuzdorn als Zwischenwirt. Deshalb ist der Strauch bei Landwirten nicht gern gesehen.

Schau genau!

Für einige Insekten ist der Kreuzdorn eine wichtige Futterpflanze. Du findest hier zum Beispiel die Raupe des Zitronenfalters. Sie ist grün, mit feinen schwarzen Punkten.

Der Kreuzdorn mag es warm, deshalb findest du ihn eher in Süddeutschland. Er wächst an Waldrändern, trockenen Hängen und Feldgehölzen gern auf kalkhaltigen Böden. Durch Wurzelsprosse bildet er oft dichte undurchdringliche Gebüsche.

Der Echte Kreuzdorn wird 2 bis 6 m groß.

Der Echte Kreuzdorn blüht von Mai bis Juni.

| Jan | Feb | Mär | Apr | Mai | Jun | Jul | Aug | Sep | Okt | Nov | D |

Der Schwarzdorn
wird auch Schlehe genannt.

Der Schwarzdorn ist im Frühjahr einer der ersten Sträucher, der üppig weiß blüht. Die duftenden Blüten kommen deutlich vor den Blättern zum Vorschein. Seine vielen Dornen schützen ihn gegen hungrige Mäuler von Rehen, Kühen oder Schafen. Im Herbst hängen die kleinen, runden blauen Schlehen-früchte am Busch. Aber erst nach dem ersten Frost sind sie nicht mehr so bitter und essbar.

Erstaunlich!

Früher hat man die reich verzweigten Äste bei der Salzgewinnung genutzt. Über die im Gradierwerk dicht aufgeschichteten Zweige wurde salziges Wasser (die Sole) gegossen. An den feinen Zweigen konnte viel Wasser verdampfen, sodass sich in der restlichen Sole der Salzgehalt konzentrierte. Damit konnte man viel kostbare Energie sparen, wenn zur Salzgewinnung die Sole eingedampft wurde.

Der Schwarzdorn kommt überall in Feldgehölzen, Hecken und an Waldrändern vor. Da er auch viele nützliche Insekten anlockt und anderen Tieren einen sicheren Unterschlupf bietet, wird er auch in Parks und naturnahen Gärten angepflanzt.

Der Schwarzdorn wird 1 bis 3 m groß.

Der Schwarzdorn blüht von März bis April.

| 1 | Feb | Mär | Apr | Mai | Jun | Jul | Aug | Sep | Okt | Nov | Dez |

Die Zwetschge

Die blau bereiften Zwetschgen sind im Herbst leicht zu erkennen. Wie viele andere Obstbäume blüht der Baum mit schönen weißen Blüten, kurz bevor die Blätter kommen. Die Blätter sind eiförmig und am Rand fein gesägt. Die Blattunterseite ist dicht behaart. Die Äste können mit kurzen spitzen Dornen besetzt sein.

Wichtig zu wissen!

Die Zwetschge ist eine Unterart der Pflaume, die eher kugelig bis eiförmig und sehr saftig ist. Obwohl sie von der Farbe völlig anders aussehen, sind auch die gelbe Mirabelle und die rötliche Reneklode Unterarten der Pflaume.

Mirabelle

Der Zwetschgenbaum kommt nur in Gärten, Obstwiesen oder Obstbaumalleen vor.

Die Zwetschge wird 5 bis 15 m groß.

Die Zwetschge blüht von April bis Mai.

| Jan | Feb | Mär | Apr | Mai | Jun | Jul | Aug | Sep | Okt | Nov | D |

Die Trauben-Kirsche

Die Blätter sehen der Süß-Kirsche ähnlich, sind aber mattgrün, und die Oberfläche sieht etwas knittrig aus. Die Blüten dagegen sind unverwechselbar. Sie hängen in dichten weißen Trauben am Baum, genauso wie im Herbst die schwarzroten Kirschen. Die kleinen Kirschen schmecken leicht bitter. So haben die Vögel die Kirschen für sich.

Schau genau!

Im Juni findet man häufig Trauben-Kirschen, die wie mit Watte überzogen sind. Das ist das Werk der Trauben-Kirschen-Gespinstmotte. Die Raupen der Motte fressen fast nur die Blätter der Trauben-Kirsche. Dabei spinnen sie die Zweige und Äste mit einem feinen Gespinst ein. So schützen sie sich vor Fressfeinden und können sich auch in Ruhe verpuppen.

Gespinst der Trauben-Kirschen-Gespinstmotte

Die Trauben-Kirsche wächst meist auf feuchten und nassen Böden, zum Beispiel in Auwäldern, an Bach-, Fluss- und Seeufern oder an feuchten Waldrändern.

Die Trauben-Kirsche wird 10 bis 15 m groß.

Die Trauben-Kirsche blüht von April bis Mai.

| Feb | Mär | Apr | Mai | Jun | Jul | Aug | Sep | Okt | Nov | Dez |

Die Vogel-Kirsche
wird auch Süß-Kirsche genannt.

Die roten leckeren Süßkirschen sind unverwechselbar. Ihre Wildform, die Vogel-Kirsche,
hat dagegen kleine, etwas bittere Früchte.
Die weißen, fünfblättrigen Blüten und die
eiförmigen, länglichen Blätter sehen bei
beiden Formen gleich aus. Die Blüten
treiben vor den Blättern aus. Die Rinde ist rotbraun glänzend und lässt sich
in waagrechten Streifen ablösen.

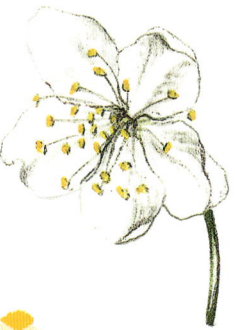

Mach mit!

Mit den Kirschkernen kannst du nicht nur
mit deinen Freunden um die Wette spu-
cken, du kannst sie auch sammeln, schön
sauber kochen und in einem kleinen Säck-
chen als wärmendes Kirschkernkissen
benutzen. Oder du legst sie im Winter für
den Kernbeißer ins Futterhäuschen.

Die Vogel-Kirsche
wächst an Waldrändern, in
Feldgehölzen und lockeren
Laubwäldern. In Gärten und
Obstwiesen findest du die
Süß-Kirsche.

Kernbeißer

Die Vogel-Kirsche wird bis zu 25 m groß.

Die Vogel-Kirsche blüht von April bis Mai.

| Jan | Feb | Mär | Apr | Mai | Jun | Jul | Aug | Sep | Okt | Nov | D |

Der Apfel

Die schönen großen, rosaweißen Blüten fallen im Frühling besonders auf. Im Herbst leuchten dagegen die grünen oder roten Äpfel am Baum. Die Blätter beim Apfel sind eiförmig und vorn zugespitzt. Auf der Blattunterseite sind sie dicht behaart und am Blattrand gesägt.

Wichtig zu wissen!

Weißt du, was ein Pomologe ist? Ein Apfelexperte. Äpfel werden schon seit vielen hundert Jahren gezüchtet, sodass es inzwischen ca. 20 000 Apfelsorten weltweit gibt. In Deutschland sind es immerhin noch ca. 2 000 Sorten. Ein Pomologe bestimmt die Sorten anhand der Farbe und des Geschmacks des Apfels, der Form des Kerngehäuses und des Standortes des Baumes.

In Gärten und auf Obstwiesen stehen die meisten Apfelbäume. In lichten Laubwäldern findest du aber auch ab und zu wilde Äpfel, die besonders zur Blütezeit im Wald auffallen.

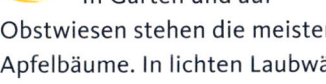

Apfelsorten unterscheiden sich schon oft auf den ersten Blick.

Der Apfel wird 2 bis 15 m groß.

Der Apfel blüht von April bis Mai.

Der Pfirsich

An seinen pelzigen, orangeroten Früchten ist der Pfirsich leicht zu erkennen. Auch im Frühjahr ist er gut auszumachen, denn mit seinen dunkelrosa Blüten gehört er zu den ersten blühenden Bäumen im Jahr. Die Blätter sind lang und oval mit einer deutlichen Spitze, die Blattränder fein gezähnt. Die jungen Zweige sind zweifarbig, auf der Sonnenseite rot, auf der Schattenseite grün.

Mach mit!

Gern werden die Pfirsiche an Haus- oder Scheunenwänden gepflanzt. Dort haben sie es besonders warm, da die Hauswand auch nachts noch etwas Wärme abstrahlt. An den Hauswänden werden die Bäume als Spalierobst gezogen, das heißt, den Ästen wird vorgegeben, wie sie an der Hauswand entlangwachsen sollen.

Die wilden Pfirsiche stammen wohl aus China, sind aber schon im antiken Griechenland und zur Römerzeit bis in den Mittelmeerraum gekommen. In Mitteleuropa wachsen sie nur in den warmen Weinbauregionen, denn die empfindlichen Blüten sind sehr frostgefährdet.

Wichtig zu wissen!

Eine Unterart des Pfirsichs ist die Nektarine. Du erkennst sie an den unbehaarten Früchten.

 Der Pfirsich wird 3 bis 10 m groß.

Der Pfirsich blüht von März bis April.

| Jan | Feb | Mär | Apr | Mai | Jun | Jul | Aug | Sep | Okt | Nov | D |

Die Haselnuss

Die Haselnuss ist ein typischer Strauch mit mehreren Stämmen. Die Blätter sind rundlich, eiförmig und etwas behaart. Auf der Blattunterseite treten die Blattadern deutlich hervor. Der Blattrand ist fein gesägt mit mehreren größeren Zähnen. Schon früh im Jahr blüht die Haselnuss, lange vor dem Blattaustrieb. Im August/September wird die beliebte Haselnuss reif. Der Kern ist von einer sehr harten, hölzernen Hülle umgeben.

Schau genau!

Trotz der harten Schale schafft es ein kleiner Rüsselkäfer, in die Nuss einzudringen: der Haselnussbohrer. Er nagt ein Loch in die noch junge Nuss und legt ein Ei hinein. Hat die Larve den Kern gefressen, nagt sie sich aus der Nuss und fällt zu Boden, wo sie sich zum Käfer entwickelt. Vielleicht kannst du ja einen dieser niedlichen kleinen Käfer entdecken.

Haselnussbohrer

In Laubwäldern, an Waldrändern, in Gebüschen, Hecken und Bachufern ist die Haselnuss weit verbreitet. Wegen ihrer leckeren Nüsse ist sie aber auch oft in Gärten und Parks zu finden.

Die Haselnuss wird 2 bis 8 m groß.

Die Haselnuss blüht von Februar bis April.

| an | Feb | Mär | Apr | Mai | Jun | Jul | Aug | Sep | Okt | Nov | Dez |

Die Baum-Hasel

Von den Blättern her sieht die Baum-Hasel der Haselnuss (Seite 35) sehr ähnlich. Du kannst beide aber schon leicht an der Wuchsform unterscheiden, denn die Haselnuss wächst nie als Baum. Auch die Früchte sehen anders aus. Die Büschel der Baum-Hasel enthalten deutlich mehr Nüsse. Außerdem sind die Fruchthüllen tief geschlitzt und sehen struppig aus. Die Nüsse sind etwas kleiner, schmecken aber sehr gut.

Fruchtstand

Die Baum-Hasel ist ein Baum aus dem östlichen Mittelmeerraum. Mit ihren tiefen Wurzeln kann sie sehr trockene und heiße Standorte besiedeln. So wird sie bei uns häufig da gepflanzt, wo nur unverwüstliche Bäume wachsen können, wie in Städten und an Straßenrändern. Das Holz wird gern im Möbelbau genutzt.

Schau genau!

Bei den Haseln sitzen die männlichen und die weiblichen Blüten getrennt an den Zweigen. Die langen männlichen Blütenkätzchen sind im Februar und März leicht zu finden. Dagegen musst du sehr genau hinschauen, um die weiblichen Blüten zu erkennen. Sie sehen aus wie eine Knospe mit einem kleinen, rötlichen Haarbüschel.

weibliche Blüte

männliche Kätzchen

Die Baum-Hasel wird bis 25 m groß.

Die Baum-Hasel blüht von Februar bis März.

| Jan | Feb | Mär | Apr | Mai | Jun | Jul | Aug | Sep | Okt | Nov | De |

Die Hainbuche

Die Blätter der Hainbuche sind eiförmig und vorne zugespitzt. An den Blattnerven ist das Blatt leicht gefaltet, wie bei einer Wellpappe. Im Herbst fallen die braunen Blätter nicht ab, sondern bleiben bis in den Winter am Baum hängen. Die männlichen und weiblichen Blüten- kätzchen fallen im Frühjahr kaum auf. Dagegen sind die herunterhängenden Fruchtstände leicht zu erkennen.

geflügelter Samen

Fruchtstand

Wichtig zu wissen!

Das helle Holz der Hainbuche ist nach dem Speierling das härteste und schwerste Holz. Trotzdem ist es noch recht biegsam. Wegen dieser besonderen Eigenschaften wird das Holz oft für Werkzeugstiele, Dreschflegel, Hobel, Holzhämmer und hölzerne Maschinen- teile genutzt.

Die Hainbuche ist ein recht häufiger Baum in unseren Laubwäldern. Auch in Parks und Gärten kommt sie zahlreich vor, und da sie sich gut beschneiden lässt, wird sie oft als Gartenhecke angepflanzt.

Die Hainbuche wird 25 bis 30 m groß.

Die Hainbuche blüht von April bis Mai.

| an | Feb | Mär | Apr | Mai | Jun | Jul | Aug | Sep | Okt | Nov | Dez |

Die Berg-Ulme

drei Spitzen

Ulmenblätter erkennst du leicht an dem ungleichen Blattgrund. Die großen ovalen Blätter der Berg-Ulme sind vorne am breitesten und haben oft drei Spitzen. Die Blattoberseite fühlt sich ganz rau an. Die unauffälligen Blüten erscheinen im Frühling schon lange vor den Blättern. Die Samen sind ringsherum geflügelt und sehen aus wie eine Scheibe. So können sie vom Wind weit getragen werden.

Samen

ungleicher Blattgrund

Wichtig zu wissen!

Vor etwa 100 Jahren wurde aus Asien mit einer Holzlieferung ein gefährlicher Pilz durch den Ulmensplintkäfer eingeschleppt. Dieser Pilz breitete sich rasant aus und brachte die heimischen Ulmen zum Absterben. Besonders die Berg-Ulme wurde stark befallen und ist heute sehr selten geworden. Nur wenige Bäume haben sich gegen den Pilz durchsetzen können.

Wie der Name schon sagt, kommt die Berg-Ulme vor allem in den Mittelgebirgen vor. Dort steht sie in schattigen Hangwäldern. Im Flachland findet man sie nur selten, hier vor allem als Parkbaum.

Die Berg-Ulme wird bis zu 40 m groß.

Die Berg-Ulme blüht von Februar bis April.

Jan	Feb	Mär	Apr	Mai	Jun	Jul	Aug	Sep	Okt	Nov	De

Die Feld-Ulme

Die Blätter der Feld-Ulme sind in Form und Größe sehr unterschiedlich. Typische Blätter sind länglich eiförmig, deutlich unsymmetrisch und glänzen. Auf der Blattunterseite sind in den Winkeln der Blattnerven weißliche Haarbüschel. Die in Büscheln stehenden Blüten treiben lange vor den Blättern aus. Die Früchte sind ähnlich wie bei der Berg-Ulme.

Haarbüschel

Blüte

Samen

Die Feld-Ulme kommt in Auwäldern, an sonnigen Waldrändern und in Feldgehölzen vor. Gelegentlich wird sie auch in Parks angepflanzt.

Wichtig zu wissen!

Früher wurde das Laub von der Feld-Ulme oder der Esche an Kühe, Ziegen und Schafe verfüttert. Dafür hat man die frischen Äste am Stamm abgeschnitten (geschneitelt), getrocknet und im Winter verfüttert. Die geschneitelten Bäume bekamen durch diesen regelmäßigen Schnitt ein ganz charakteristisches Aussehen. In Österreich werden auch heute noch Bäume geschneitelt.

Geschneitelter Baum

Die Feld-Ulme wird bis zu 40 m groß.

Die Feld-Ulme blüht von März bis April.

an	Feb	Mär	Apr	Mai	Jun	Jul	Aug	Sep	Okt	Nov	Dez

Die Winter-Linde

Die stattliche Winter-Linde kann über 1 000 Jahre alt werden. Ihre Blätter sind herzförmig mit einer kleinen Spitze. Auf der Blattunterseite findest du in den Achseln der Blattadern bräunliche Haare. An dem unauffälligen Blütenstand hängt ein hellgrünes Tragblatt, das später braun wird. Im Herbst dient es als Flugorgan, um die kleinen kugeligen Früchte möglichst weit fliegen zu lassen.

Schau genau!

Im Sommer ist die Linde bei Autofahrern weniger beliebt. Parkt man unter einem Lindenbaum, kann es passieren, dass am nächsten Morgen das Auto von einer klebrigen Flüssigkeit überzogen ist. Dann sitzt der Baum voller Blattläuse, die die Linde mit ihrem Saugrüssel anbohren und einen Teil des Baumsaftes in Form von klebrigem Honigtau wieder abgeben.

bräunliche Haare

Tragblatt

Die Winter-Linde steht verstreut in unseren heimischen Laubwäldern. Du findest sie aber auch in den meisten Parks oder als Straßenbaum.

Früchte ohne Rippen

Die Winter-Linde wird 25 bis 30 m groß.

Die Winter-Linde blüht von Juni bis Juli.

| Jan | Feb | Mär | Apr | Mai | Jun | Jul | Aug | Sep | Okt | Nov | De |

Die Sommer-Linde

Im Gegensatz zur Winter-Linde sind die Achselhaare auf der Blattunterseite weißlich. Außerdem sind die herzförmigen Blätter etwas größer. Der Blütenstand ist ähnlich der Winter-Linde, hat aber meist weniger Einzelblüten. Die Sommer-Linde blüht etwa zwei Wochen vor der Winter-Linde.

Wichtig zu wissen!

Bei unseren Vorfahren, den Germanen, hatten Linden eine besondere Bedeutung: Es waren heilige Bäume, die der Göttin Frigga geweiht waren. In jedem Dorf stand meist zentral eine Dorflinde. Dort fanden Feste und Versammlungen statt und es war auch der Gerichtsort. Noch heute gibt es in einigen Dörfern große alte Gerichtslinden.

weißliche Haare

Die Sommer-Linde ist ein Schatten-baum, der vereinzelt in unseren Laubwäldern steht. Als Straßenbaum und in Parks spendet er mit seiner großen Krone angenehmen Schatten.

Früchte mit Rippen

Die Sommer-Linde wird bis zu 40 m groß.

Die Sommer-Linde blüht im Juni.

| n | Feb | Mär | Apr | Mai | Jun | Jul | Aug | Sep | Okt | Nov | Dez |

Die Echte Mehlbeere

Die Echte Mehlbeere ist ein kleiner, unauffälliger Baum oder Strauch. Die Unterseite der großen eiförmigen Blätter ist silbrig weich behaart. Aus den dicht beieinanderstehenden weißen Blüten entwickeln sich rote Früchte mit zwei Kernen. Erst nach Frost oder starkem Erhitzen können die faden, mehligen Früchte ohne Bauchschmerzen gegessen werden.

Wichtig zu wissen!

Ihren Namen verdankt die Mehlbeere ihren mehligen Früchten. In Notzeiten wurden sie getrocknet, zu Mehl gemahlen und unter den Brotteig gemischt. Heute freuen sich die Vögel darüber. Meist bleiben die roten Früchte aber bis in den Spätwinter hängen und werden erst dann gefressen.

grob gezahnt

Blattunterseite weiß behaart

Die Echte Mehlbeere mag es gern sonnig und warm. Sie steht an Waldrändern oder im lichten Wald. Aber auch in Parks und Gärten wird die Mehlbeere gepflanzt.

Die Echte Mehlbeere wird 5 bis 12 m groß.

Die Echte Mehlbeere blüht von Mai bis Juni.

| Jan | Feb | Mär | Apr | Mai | Jun | Jul | Aug | Sep | Okt | Nov | D |

Die Schwarz-Erle

Die dunkelgrünen Blätter sind rundlich und an der Blattspitze meist eingebuchtet oder sogar stumpf. Die Blätter fallen im Herbst dunkelgrün vom Baum. Zwei bis vier Wochen vor den Blättern erscheinen die männlichen und weiblichen Blüten. Die Früchte sehen aus wie kleine Zapfen und bleiben den ganzen Winter am Baum.

....Fruchtstand

männliche Kätzchen schon im Herbst

Erstaunlich!

Die Erle bildet an den Wurzeln kleine Knöllchen aus. In diesen Knöllchen lebt ein bestimmter Pilz, der von der Erle mit Energie versorgt wird. Im Gegenzug liefert der Pilz der Erle lebenswichtigen Dünger. Diese Form des Zusammenlebens zweier Arten, bei dem jeder dem anderen nützt, nennt man Symbiose.

Die Schwarz-Erle wächst auf nassen Böden. Du findest sie an Bach-, Fluss- und Seeufern. Der Baum kann auch mehrere Wochen im Wasser stehen.

Die Schwarz-Erle wird bis zu 25 m groß.

Die Schwarz-Erle blüht von März bis April.

| Feb | Mär | Apr | Mai | Jun | Jul | Aug | Sep | Okt | Nov | Dez |

Die Schwarz-Pappel

Die dunkelgrün glänzenden Blätter haben einen dreieckigen Umriss und einen langen Blattstiel. Es gibt männliche und weibliche Bäume, die ihre Blütenkätzchen vor den Blättern austreiben. Die Samen hängen an silbrigen Fäden, die im Mai wie Watte auf dem Boden umhergeweht werden.

Wichtig zu wissen!

Die Schwarz-Pappel ist heutzutage relativ selten geworden und steht schon auf der roten Liste der gefährdeten Pflanzen. Meist findest du die sehr ähnliche Bastard-Schwarz-Pappel. Das ist eine Kreuzung aus Kanadischer und Europäischer Schwarz-Pappel. Sie ist robuster und wächst schneller als die eigentliche Schwarz-Pappel und wird deshalb oft gepflanzt. Häufig ist auch eine säulenartig wachsende Zuchtform der Schwarz-Pappel, die Pyramiden-Pappel.

Die Schwarz-Pappel wächst entlang von Flüssen, Bächen und Seen. Die Wurzeln vertragen es, zeitweise überflutet im Wasser zu stehen.

Pyramiden-Pappeln

Die Schwarz-Pappel wird bis zu 30 m groß.

Die Schwarz-Pappel blüht von März bis April.

| Jan | Feb | Mär | Apr | Mai | Jun | Jul | Aug | Sep | Okt | Nov |

Die Hänge-Birke

Ihren Namen verdankt die Hänge-Birke ihren langen, dünnen herunterhängenden Zweigen. Die relativ kleinen Blätter sind eiförmig bis dreieckig. Unverwechselbar ist auch die weiße Rinde, die sich in papierartigen Streifen ablösen lässt. Vom Wind werden die kleinen geflügelten Samen weit verstreut.

weibliche Kätzchen

männliche Kätzchen

Samen

Wichtig zu wissen!

Die Birke wird vielfältig genutzt. Aus den dünnen Ästen werden Reisigbesen hergestellt. Im Frühjahr wird der Baum angezapft und der aufsteigende Birkensaft gewonnen. Daraus werden Medizin und Kosmetikprodukte hergestellt. Und aus der Rinde wurde früher Birkenteer gemacht, eine Art Klebstoff.

Die Hänge-Birke ist weit verbreitet, kommt aber bevorzugt auf sandigen Böden, in Heiden und Mooren vor. Sie wächst auch in Kiesgruben, Brachland, Feldgehölzen und Waldrändern. Zum Wachsen braucht die Birke viel Licht.

Die Hänge-Birke wird bis zu 25 m groß.

Die Hänge-Birke blüht von März bis Mai.

| Feb | Mär | Apr | Mai | Jun | Jul | Aug | Sep | Okt | Nov | Dez |

Die Ess-Kastanie

Die länglichen und bis zu 30 cm langen
scharf gesägten Blätter fallen sofort auf.
Die Blätter sind ledrig und stark glänzend.
Die hellgelben Blütenkätzchen sind mit
15 cm sehr lang. Im September/Oktober
werden die Früchte reif. Die essbaren
Kastanien bzw. Maronen sind von
einer stacheligen Hülle umschlossen.

Wichtig zu wissen!

Die leckere Ess-Kastanie ist wahrscheinlich von den Römern nach
Mitteleuropa gebracht worden, da
sie damals ein wichtiges Nahrungs-
mittel war. Damit ist sie aber nicht
die einzige Pflanze, die von den
Römern eingeführt wurde. Auch
Wein, Walnüsse, Pflaumen, Pfirsiche, Quitten, Äpfel und Birnen,
wie wir sie heute kennen, stammen
von den Römern.

männliche Blüten

Frucht

stachelige Fruchthülle

Da die Ess-Kastanie aus dem
Mittelmeerraum stammt, wächst sie
bei uns vor allem in den wärmeren
Gebieten. Sie wird auch häufig in
Parks und Gärten angepflanzt.

Die Ess-Kastanie wird bis zu 30 m groß.

Die Ess-Kastanie blüht von Juni bis Juli.

Jan	Feb	Mär	Apr	Mai	Jun	Jul	Aug	Sep	Okt	Nov	D

Der Weiße Maulbeerbaum

Die Blätter vom Maulbeerbaum können sehr unterschiedlich sein. Kleinere Blätter sind eiförmig und am Rand unregelmäßig gezähnt. Größere werden bis zu 20 cm lang und haben drei bis fünf Lappen. Die Nerven auf der Unterseite sind behaart. Der Weiße Maulbeerbaum hat grüne, unauffällige Blüten. Die Früchte sind weiß und haben eine brombeerartige Form. Sie schmecken leicht süßlich.

Erstaunlich!

Eine Zeit lang wurden viele Maulbeerbäume bei uns für die Seidenraupenzucht angepflanzt. Ihre Blätter dienen der Seidenraupe als Nahrung. Später wurde die Seidenraupenzucht wieder aufgegeben, weil das Klima in Deutschland für die Raupen nicht ideal ist. Viele alte Maulbeerbäume stammen noch aus dieser Zeit.

Seidenraupe

Frucht

Der Maulbeerbaum stammt aus China und wird bei uns in Gärten und Parks angepflanzt. Neben dem Weißen Maulbeerbaum gibt es auch einen Schwarzen Maulbeerbaum, dessen Früchte aromatischer sind.

Der Weiße Maulbeerbaum wird bis zu 15 m groß.

Der Weiße Maulbeerbaum blüht von Mai bis Juni.

| Feb | Mär | Apr | Mai | Jun | Jul | Aug | Sep | Okt | Nov | Dez |

☠ Das Pfaffenhütchen

Dieser eher kleine Strauch oder Baum hat längliche Blätter, die am Rand sehr fein gesägt sind. Die weißlichen Blüten haben vier Blütenblätter, die wie ein Kreuz angeordnet sind. Im Herbst fallen besonders die roten Fruchtkapseln mit dem orangenen Samen auf. Seinen Namen verdankt das Pfaffenhütchen der Form der Früchte, die an die Kopfbedeckung katholischer Pfarrer erinnern.

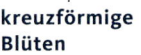
kreuzförmige Blüten

Wichtig zu wissen!

Das Pfaffenhütchen wird auch Spindelstrauch genannt. Denn früher wurden die Spindel zum Garnspinnen oder auch die Stricknadeln aus diesem Holz gemacht.

Finger weg!

Vorsicht! Alle Pflanzenteile des Pfaffenhütchens sind für Menschen sehr giftig. Vögel können die Samen im Winter dagegen unbeschadet fressen.

In Hecken, Gebüschen und vor allem in Auwäldern kommt das Pfaffenhütchen oft vor. Wegen seiner schönen Früchte wird es auch in Gärten und Parks häufig angepflanzt.

 **Das Pfaffenhütchen wird 2 bis 6 m groß.**

Das Pfaffenhütchen blüht von Mai bis Juni.

| Jan | Feb | Mär | Apr | Mai | Jun | Jul | Aug | Sep | Okt | Nov | D |

☠ Die Stechpalme

Die immergrünen Blätter der Stechpalme sind unverwechselbar. Die dunkelgrünen, glänzenden und ledrigen Blätter haben nämlich ziemlich lange, piksende Spitzen am Rand. Es gibt aber auch Blätter, die ganzrandig sind, also einen glatten Rand haben. Die kleinen weißen, vierblättrigen Blüten wachsen in Büscheln in den Blattachseln. Im Herbst fallen die leuchtend roten Beeren auf, die häufig im Adventsschmuck verwendet werden.

Die Früchte sind sehr giftig.

Blatt mit glattem Rand

Die Stechpalme mag milde Winter und nicht zu trockene Sommer, weshalb sie nur in Nord- und Westdeutschland natürlich vorkommt. Sie ist aber weit verbreitet, weil sie oft in Parks und Gärten gepflanzt wird.

Schau genau!

Je nachdem, wo die Stechpalme wächst, wird sie eher strauch- oder baumförmig. Im Unterholz von Wäldern bleibt sie klein und strauchig, an einem frei stehenden sonnigen Platz kann sie ein 15 m hoher Baum werden. Die großen Exemplare liefern dann ein wertvolles Holz für Schreiner- und Drechselarbeiten.

Die Stechpalme wird bis zu 15 m groß.

Die Stechpalme blüht von Mai bis Juni.

Feb | Mär | Apr | Mai | Jun | Jul | Aug | Sep | Okt | Nov | Dez

Die Japanische Blütenkirsche

Hast du im Frühling auch schon Bäume gesehen, die über und über mit rosa Blüten übersät waren? Dann hast du sicher eine Japanische Blütenkirsche entdeckt. Erst nach der Blüte wachsen die eiförmigen Blätter. Am Rand sind sie fein gezähnt. Im Herbst werden sie glänzend gelb oder orange. Die Rinde ist bei jungen Bäumen rötlich und lässt sich ringförmig ablösen. Nur wenige Bäume haben so eine Ringelborke.

Schau genau!

Schau dir mal eine Blüte ganz genau an. Wahrscheinlich wirst du keine Staubblätter finden, dafür aber ziemlich viele rosa Blütenblätter. Solche Blüten werden als gefüllte Blüten bezeichnet und werden so gezüchtet. Bei der Blütenkirsche haben sich die Staubblätter in Blütenblätter umgewandelt. Deshalb bekommt sie auch keine Früchte.

Ob sie ursprünglich aus Japan oder China stammt, weiß man nicht genau, auf jeden Fall wird sie dort schon seit ca. 2 000 Jahren gezüchtet. Bei uns wird sie in Parks, Gärten oder als Straßenbaum gepflanzt.

Die Japanische Blütenkirsche wird bis zu 12 m groß.

Die Japanische Blütenkirsche blüht von April bis Mai.

| Jan | Feb | Mär | Apr | Mai | Jun | Jul | Aug | Sep | Okt | Nov | D |

☠ Der Wollige Schneeball

Seinen Namen verdankt er der filzig grauen Unterseite seiner Blätter. Auch die Zweige sind dicht graubraun behaart. Die dunkelgrünen Blätter sind eiförmig, haben einen fein gesägten Rand und eine runzlige Oberseite. Die kleinen weißen Blüten bilden eine flache oder halbkugelige Schirmrispe. Sieh dir die Beeren an. Sie wechseln im Herbst ihre Farbe. Erst sind

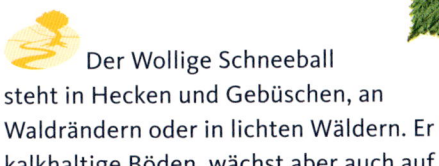

sie rot, später werden sie schwarz. In einem Fruchtstand findest du oft beide Farben.

 Der Wollige Schneeball steht in Hecken und Gebüschen, an Waldrändern oder in lichten Wäldern. Er bevorzugt kalkhaltige Böden, wächst aber auch auf anderen

ziemlich gut. Der dichte, buschige Strauch lässt sich gut beschneiden. Er wird deshalb häufig in Grünanlagen, Gärten oder an Straßenböschungen gepflanzt.

Erstaunlich!

Das Holz des Schneeballs ist sehr elastisch und bruchfest. Dadurch ist es ideal für die Anfertigung von Pfeilen. Selbst Ötzi, die 5300 Jahre alte Gletschermumie aus den Alpen, hatte Pfeile dabei, die aus dem Holz des Wolligen Schneeballs gefertigt waren.

Der Wollige Schneeball wird 2 bis 5 m groß.

Der Wollige Schneeball blüht von April bis Mai.

| n | Feb | Mär | Apr | Mai | Jun | Jul | Aug | Sep | Okt | Nov | Dez |

☠ Der Schneeball

Der große Strauch oder kleine Baum hat drei- bis fünflappige große Blätter. Die Blattunterseite ist behaart und der Blattrand unregelmäßig grob gezahnt. Der Blütenstand hat am Rand große, weiß leuchtende Blüten. In der Mitte findest du kleine gelbliche Blüten, aus denen im Herbst rot glänzende Früchte werden. Aber Vorsicht, sie sind leicht giftig.

Den Schneeball findest du meist auf feuchten Böden, an Bach- und Flussufern, in schattigen Waldrändern und Hecken. Wegen seiner schönen Blüten und Früchte wird er aber auch gern in Parks und Gärten angepflanzt.

Schau genau!

Der Schneeball ist für Läuse sehr anfällig. Die Schwarze Bohnenlaus zum Beispiel legt hier im Herbst ihre Eier ab, die an den Ästen überwintern. Im Frühjahr machen sich die Läuse dann über das erste frische Grün her, wechseln dann aber auf Bohnen oder andere krautige Pflanzen. Vielleicht kannst du ja ein paar Läuse entdecken.

Der Schneeball wird 2 bis 5 m groß.

Der Schneeball blüht von Mai bis Juni.

| Jan | Feb | Mär | Apr | Mai | Jun | Jul | Aug | Sep | Okt | Nov | D |

Die Ahornblättrige Platane

Die Ahornblättrige Platane ist ein großer, mächtiger Baum. Die handförmig gelappten Blätter sind dem Spitz-Ahorn ähnlich, haben aber längere Blattstiele. Die Blattadern sind auf der Blattunterseite behaart. Die Früchte hängen bis in den Winter als kugelige Troddeln am Baum. Auffällig ist auch die grau und grün gescheckte Rinde, die sich als dünne Rindenplatte leicht ablösen lässt.

Wichtig zu wissen!

Die Blüten sind getrennt-geschlechtlich, das heißt, die männlichen und weiblichen Blüten sind nicht in einer Blüte vereint. Die männlichen Blütenstände sind klein, grün und kugelig, die weiblichen größer, rötlich und kugelig. Bei anderen Baumarten gibt es sogar männliche und weibliche Bäume, zum Beispiel bei der Eibe.

Rinde

Fruchtstand

Da die Platanen schnell wachsen, sehr robust sind und ihnen Luftverschmutzungen und starker Rückschnitt wenig ausmachen, werden die Bäume in Stadtparks oder an Straßen gepflanzt. In Wäldern findest du die Platane dagegen nicht.

Die Ahornblättrige Platane wird bis zu 35 m groß.

Die Ahornblättrige Platane blüht im Mai.

| Feb | Mär | Apr | Mai | Jun | Jul | Aug | Sep | Okt | Nov | Dez |

Der Spitz-Ahorn

Der Spitz-Ahorn hat große, handförmig gelappte Blätter. Die Blattenden sind lang und spitz. Wenn du den Blattstiel anschneidest, tritt Milchsaft aus. Im Frühjahr erscheinen die gelblich grünen Blüten vor den Blättern. Die schwach gewinkelten Flügelfrüchte fallen häufig erst nach den Blättern ab.

schwach
gewinkelte
Früchte

Wichtig zu wissen!

Werden im Herbst die Tage kürzer und die Nächte kälter, bereiten sich die Bäume auf den Winter vor. Sie ziehen alle wichtigen Nährstoffe aus den Blättern heraus und lagern sie in den Wurzeln, im Stamm und in den Knospen ein. Zurück bleiben die roten und gelben Blattfarbstoffe. Besonders das Laub der Ahornbäume ist dann sehr farbenprächtig.

Der Spitz-Ahorn kommt in leicht feuchten und nährstoffreichen Wäldern vor. In Gärten und Parks wird er auch wegen seiner tollen Laubfärbung angepflanzt.

Spielen im Herbstlaub – das macht Spaß!

Der Spitz-Ahorn wird 15 bis 30 m groß.

Der Spitz-Ahorn blüht von April bis Mai.

Der Berg-Ahorn

Die großen fünflappigen Blätter sind am Blattrand etwas gesägt und haben nur kurze Spitzen. Die traubenartigen Blütenstände wachsen, sobald die Blätter ausschlagen. Erst im November oder Dezember fallen die gewinkelten Flügelfrüchte ab.

stark gewinkelte Früchte

Mach mit!

Mit Blättern kannst du prima basteln. Als Erstes brauchst du ein paar bunte Blätter, die du dir im Wald, Garten oder Park suchst. Aus diesen Blättern kannst du fantasievolle Collagen auf Papier kleben. Oder du machst einen Blätterdruck. Dafür malst du die eine Seite mit Wasser- oder Fingerfarben an und drückst sie aufs Papier. Sehr hübsch sieht auch die Spritztechnik mit der Zahnbürste aus. Hierbei spritzt du mit der Zahnbürste Farbe über das Blatt. Zurück bleibt ein schöner Umriss. So kannst du dein eigenes Briefpapier dekorieren.

Wie der Name schon sagt, wächst der Berg-Ahorn vor allem in den Mittelgebirgen und in den Alpen fast bis zur Baumgrenze. Er mag kühle und feuchte Luft. Du findest ihn aber auch in normalen Laubwäldern, als Alleebaum oder in Parks.

Der Berg-Ahorn wird 20 bis 30 m groß.

Der Berg-Ahorn blüht von April bis Mai.

| n | Feb | Mär | Apr | Mai | Jun | Jul | Aug | Sep | Okt | Nov | Dez |

Der Feld-Ahorn

Die Blätter des Feld-Ahorns haben drei bis fünf stumpfe Blattlappen und können bis zu 10 cm lang werden. Gleichzeitig mit den Blättern treiben im Frühling die kleinen, unauffälligen Blüten aus. Im Spätsommer entwickeln sich die typischen paarigen Flügelfrüchte mit fast waagerecht abstehenden Flügeln.

Mach mit!

Die Früchte aller Ahorn-Arten sind sogenannte Schraubenflieger. Probier es aus und wirf ein paar Früchte aus dem Fenster. Nach ein paar Zentimetern fangen sie an, sich wie ein Hubschrauber zu drehen, und sinken so langsam zu Boden. Dabei kann der Wind den Samen weitertragen.

fast gerade Früchte

Der Feld-Ahorn kommt in krautreichen Wäldern, Feldgehölzen und Hecken vor. Er mag es lieber warm und wächst nicht so gern auf feuchten Böden. Im Norden ist er deshalb nicht so verbreitet.

Der Feld-Ahorn wird 5 bis 15 m groß.

Der Feld-Ahorn blüht von April bis Mai.

| Jan | Feb | Mär | Apr | Mai | Jun | Jul | Aug | Sep | Okt | Nov | D |

Der Eingriffelige Weißdorn

Der Weißdorn ist ein sehr dichter, dorniger Strauch, nur selten erreicht er die Größe und Form eines Baumes. Seine Blätter sind meist fünflappig und die Buchten sind fast bis zur Blattrippe eingeschnitten. Die Blüten leuchten weiß, ähnlich wie bei einem Kirschbaum. Die eiförmigen roten Früchte werden ab September reif und haben nur einen Kern.

ein Griffel

Den Eingriffeligen Weißdorn findest du vor allem in Feldhecken, Gebüschen und Waldrändern. Aber auch in Parks und naturnahen Gärten kannst du den schön blühenden Strauch finden.

Schau genau!

Eine sehr ähnliche Art ist der Zweigriffelige Weißdorn. Wenn du dir die Blüte genau anschaust, erkennst du zwei weibliche Stempel. Sind die mehligen Früchte reif, haben sie auch zwei Kerne. Die Blätter sind oben breiter als am Grund und meist nicht so tief eingeschnitten.

Der Eingriffelige Weißdorn wird 2 bis 10 m groß.

Der Eingriffelige Weißdorn blüht von Mai bis Juni.

| n | Feb | Mär | Apr | Mai | Jun | Jul | Aug | Sep | Okt | Nov | Dez |

Die Elsbeere

Mit den dreieckigen Spitzen sehen die gelappten Blätter der Elsbeere einem Ahornblatt etwas ähnlich. Die kleinen weißen Blüten bilden zusammen eine Blütendolde. Im Herbst sind die ca. 1 cm großen, birnenförmigen Früchte reif. Die Elsbeere verbreitet sich nicht nur über die Samen, auch aus den Wurzeln können neue Triebe entstehen. Aber erst nach ca. 20 Jahren bilden sie die ersten Früchte.

Der seltene Baum mag es warm, du findest die Elsbeere am ehesten in süddeutschen Eichenmischwäldern, an Waldrändern und in Feldgehölzen. Mit ihren tief greifenden Wurzeln kann sie lange Trockenheit und starke Stürme gut überstehen.

Erstaunlich!

Die Elsbeere ist ein sehr wertvoller Baum. Früher wurden ihre Früchte gegen Bauchschmerzen und Durchfallerkrankungen eingesetzt. Heute wird aus den Früchten ein sehr teurer Schnaps gebrannt. Die wenigen Früchte müssen mühsam mit der Hand gepflückt werden. Teuer ist auch das Holz, weil die Bäume so selten sind. Für schön gewachsene Stämme werden mehrere Tausend Euro pro Meter Stamm bezahlt.

Die Elsbeere wird bis 30 m groß.

Die Elsbeere blüht von Mai bis Juni.

| Jan | Feb | Mär | Apr | Mai | Jun | Jul | Aug | Sep | Okt | Nov | D |

🐾 Der Tulpenbaum

An der Form seiner Blätter erkennst du den Tulpenbaum ganz leicht. Sie sind fast quadratisch und haben vier kurze, zugespitzte Lappen. Der vordere Blattrand ist ganz gerade oder leicht nach innen gebuchtet. Seinen Namen verdankt der Tulpenbaum den gelblichen Blüten, die mit ihren sechs Blütenblättern an eine Tulpe erinnern. Die Früchte sehen dagegen entfernt einem Nadelbaumzapfen ähnlich.

Erstaunlich!

Bienen sammeln im Frühling gerne den Nektar der Tulpenbaumblüten. Ein Baum ergibt etwa 1,5 bis 2 kg leckeren Honig.

Ursprünglich stammt der Tulpenbaum aus dem Osten Nordamerikas. In den letzten Jahren wird er bei uns immer häufiger in Parks, Gärten oder als Straßenbaum gepflanzt. Von Fossilien weiß man, dass der Tulpenbaum früher auch in Europa verbreitet war, bis er dann während der letzten Eiszeit ausstarb.

Der Tulpenbaum wird bis zu 40 m groß.

Der Tulpenbaum blüht von April bis Mai.

Feb	Mär	Apr	Mai	Jun	Jul	Aug	Sep	Okt	Nov	Dez

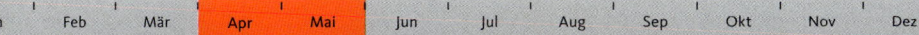

Die Stiel-Eiche

Die Blätter sind der Trauben-Eiche sehr
ähnlich, sie sind aber nicht so symmetrisch
und die Buchten sind tiefer eingeschnitten.
Die unscheinbaren Blüten erscheinen
kurz nach dem Austrieb des Laubes.
Die Eicheln haben einen langen
Stiel, woher der Baum auch
seinen Namen hat.

langer
Stiel

Schau genau!

Eichen können über 1000 Jahre
alt werden, so alt wird kaum ein
anderer heimischer Laubbaum.
Das Alter eines Baumes stellst du
anhand der Jahresringe im Holz
fest. Schau dir einmal einen frisch
gefällten Baumstumpf an, dort
erkennst du die Wachstumsringe.
Helle und dunkle Ringe wechseln
sich ab. Im Frühjahr und Sommer
wächst der Baum sehr stark und das
Holz ist heller, im Herbst wächst
der Baum dagegen nur sehr langsam
und der Ring ist daher dunkler.

In unseren Wäldern wirst
du die Stiel-Eiche häufig finden,
ebenso wie in Parkanlagen und
auf Friedhöfen.

Die Stiel-Eiche wird 20 bis 40 m groß.

Die Stiel-Eiche blüht von April bis Mai.

Jan	Feb	Mär	Apr	Mai	Jun	Jul	Aug	Sep	Okt	Nov	D

Die Trauben-Eiche

Die 8 bis 12 cm langen Blätter sind symmetrisch und haben meist fünf bis sieben kleine, rundliche Lappen. Der Baum blüht sehr unauffällig, kurz nach dem Austrieb der Blätter. Umso auffälliger sind die Früchte, die Eicheln. Sie sitzen zu mehreren fast ohne Stiel zusammen und sehen aus wie Trauben. Daher kommt der Name.

Die Trauben-Eiche ist in den Wäldern weit verbreitet und wird auch in Parks und Fried-höfen gern gepflanzt.

Schau genau!

Auf der Blattunterseite findest du manchmal rundliche Kugeln. Hier hat eine Eichengallwespe ein Ei gelegt, was dazu führt, dass der Baum diese runden Eichengallen bildet. Eine Eichengalle besteht zur Hälfte aus Gerbsäure. Daraus wurde früher, mithilfe einer eisen-haltigen Substanz (Eisenvitriol), schwarze Tinte hergestellt.

Eichengalle am Blatt

Die Trauben-Eiche wird 20 bis 40 m groß.

Die Trauben-Eiche blüht von April bis Mai.

| | Feb | Mär | Apr | Mai | Jun | Jul | Aug | Sep | Okt | Nov | Dez |

Die Rot-Eiche

Im Gegensatz zu unseren heimischen Eichen sind die gelappten Blätter deutlich größer und an den Blattlappen zugespitzt. Der silbergraue Stamm ist relativ glatt, ähnlich wie bei einer Buche. Die Blüten sind unauffällig. In relativ flachen Fruchtbechern sitzen die Eicheln. Im Herbst färben sich die Blätter leuchtend gelborange und rot.

Mach mit!

Aus Eicheln und den Fruchtbechern lässt sich prima Herbst- und Weihnachtsschmuck basteln. Filze aus bunter Wolle ein paar Wolleicheln und klebe sie in die Fruchtbecher. Du kannst auch die Eicheln und Fruchtbecher mit Acrylfarbe anmalen. In einem Schälchen oder einfach auf den Tisch gelegt sehen sie sehr schön aus. In Silber oder Gold kannst du sie sogar an den Weihnachtsbaum hängen.

 Die Rot-Eiche stammt aus dem Osten Nordamerikas. Bei uns wird sie gern in Wäldern angepflanzt, weil sie in den ersten Jahrzehnten schneller wächst als die heimischen Eichen. Außerdem ist sie nicht so anfällig für Schädlinge. Wegen der schönen Herbstfärbung steht die Rot-Eiche in vielen Parkanlagen. Sie mag eher feuchtes Wetter mit durchlässigen Böden.

Die Rot-Eiche wird bis zu 35 m groß.

Die Rot-Eiche blüht im Mai.

| Jan | Feb | Mär | Apr | Mai | Jun | Jul | Aug | Sep | Okt | Nov | |

☠ Der Efeu

Mit sogenannten Haftwurzeln ist der immergrüne Efeu in der Lage, an allem hochzuklettern, was eine leicht raue Oberfläche hat. Die Blätter sehen unterschiedlich aus, sie sind drei- oder fünflappig und an den Blütentrieben rautenförmig und ungelappt. Die Blattoberseite ist glänzend mit einem hellen Adernetz. Ungewöhnlich ist die Blütezeit im Herbst, sodass die blauschwarzen Beeren erst im Frühjahr reif werden.

Erstaunlich!

Efeu ist zwar giftig, in geringer Dosis aber ein gutes Mittel gegen Husten.

Wild wächst der Efeu in Mitteleuropa in Laub- und Auwäldern, besonders an schattigen Stellen. Er kann den ganzen Boden bedecken oder die Stämme von Bäumen überziehen. In Städten begrünt er Hauswände, Zäune und Mauern.

Mach mit!

Als Hausbegrünung sieht Efeu nicht nur sehr schön aus, er ist auch ziemlich nützlich. Efeu schützt die Hauswand vor Regen und großen Temperaturschwankungen und ist noch eine zusätzliche Isolierung. Gleichzeitig bietet er einen Lebensraum für Vögel und Insekten.

Der Efeu wird bis zu 20 m groß.

Der Efeu blüht von September bis Oktober.

Feb	Mär	Apr	Mai	Jun	Jul	Aug	Sep	Okt	Nov	Dez

Die Silber-Pappel

Die Unterseite der Blätter ist dicht weißfilzig behaart, sodass der ganze Baum von Weitem silbrig leuchtet. Das Blatt hat drei bis fünf Lappen, und der Blattrand ist grob gesägt. Bei der Silber-Pappel gibt es männliche und weibliche Bäume. Die Blütenkätzchen erscheinen vor dem Blattaustrieb. Die kleinen Samen hängen an einem weißlichen Haarschopf, der Ende Mai und Anfang Juni wie Watte durch die Gegend fliegt.

Unterseite weiß behaart

Wichtig zu wissen!

Das Holz der Pappeln ist sehr leicht, weich und rissig und deshalb nicht sehr begehrt. Meist werden Papier, Zündhölzer, Holzwolle, Spanplatten oder Zahnstocher daraus gemacht. Auch die Holzclogs in Holland sind aus dem weichen Pappelholz geschnitzt.

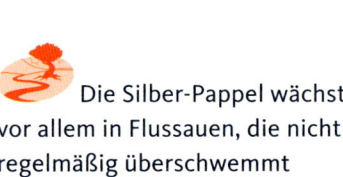 Die Silber-Pappel wächst vor allem in Flussauen, die nicht regelmäßig überschwemmt werden. Aber auch in Parks wird sie wegen der schönen silbrigen Blätter gern gepflanzt.

Die Silber-Pappel wird 15 bis 30 m groß.

Die Silber-Pappel blüht von März bis April.

| Jan | Feb | Mär | Apr | Mai | Jun | Jul | Aug | Sep | Okt | Nov | |

Die Zitter-Pappel
wird auch Espe genannt.

Die Blätter der Zitter-Pappel sind fast kreisrund und buchtig gezähnt, ähnlich einem Zahnkranz am Fahrrad. Der Blattstiel ist leicht abgeplattet. Wie bei der Silber-Pappel gibt es männliche und weibliche Bäume, die ihre Blütenkätzchen vor den Blättern austreiben. Auch die Früchte sind wollig behaart.

Wichtig zu wissen!
Kennst du den Spruch: Zittern wie Espenlaub? Die Blätter der Zitter-Pappel sind besonders beweglich. Das liegt an dem langen, abgeplatteten Blattstiel. So reicht ein leichter Windhauch, um das Blatt zittern und rascheln zu lassen.

flacher Blattstiel

Blütenkätzchen der Zitter-Pappel

Die Zitter-Pappel kommt überall da vor, wo der Boden ungenutzt ist, also auf Brachland, auf frisch geschlagenen Lichtungen, in Steinbrüchen oder an Weg- und Waldrändern.

Die Zitter-Pappel wird bis zu 30 m groß.

Die Zitter-Pappel blüht von März bis April.

Feb	Mär	Apr	Mai	Jun	Jul	Aug	Sep	Okt	Nov	Dez

Der Ginkgo

Wie ein kleiner grüner Fächer hängt das Ginkgoblatt an einem langen Stiel. Auffällig sind die parallelen, gabelig verzweigten Blattnerven. Der Blattrand sieht etwas ausgefranst aus. Beim Ginkgo gibt es männliche und weibliche Bäume. Meist werden aber nur männliche Bäume gepflanzt, da die weiblichen runden, gelb-grünen Früchte unangenehm stinken.

Erstaunlich!

Der Ginkgobaum ist ein lebendes Fossil, den es schon vor 180 Millionen Jahren gab, als noch die Dinosaurier die Erde beherrschten. Obwohl der Ginkgo Blätter wie ein Laubbaum hat, gehört er zur Gruppe der Nadelbäume. Er ist damit der einzige Nadelbaum, der flächige Nadelblätter hat.

Frucht

Ursprünglich kommt der Ginkgobaum aus einem kleinen Gebiet in Ostchina. In Deutschland findest du ihn in Parks und Gärten. Da er so widerstandsfähig gegen Umweltgifte ist, wird er auch oftmals als Straßenbaum gepflanzt.

Der Ginkgo wird bis zu 35 m groß.

Der Ginkgo blüht von März bis April.

| Jan | Feb | Mär | Apr | Mai | Jun | Jul | Aug | Sep | Okt | Nov | D |

Die Echte Walnuss

Die Blätter sehen denen der Esche ein bisschen ähnlich. Es gibt aber nur fünf bis neun Fiederblättchen, diese sind glänzend und haben einen glatten Rand. Die männlichen und weiblichen Blütenstände treiben mit den Blättern oft erst im Mai aus. Die Walnüsse hängen als grüne runde Früchte am Baum. Ab September platzt die Samenschale auf und die typische Walnuss erscheint.

grüne Samenschale

Walnuss

Dank der Römer kommt die Walnuss auch bei uns vor. Meist wird sie in Parks und Gärten angepflanzt. Besonders in Weinanbaugebieten wächst sie auch an Waldrändern oder Auwäldern.

Schau genau!

Achte einmal darauf, ob unter Walnussbäumen viele andere Pflanzen stehen oder eher wenige. In den Blättern der Walnuss befindet sich nämlich ein Gift, das nach dem Blattfall freigesetzt wird und das Wachstum anderer Pflanzen beeinträchtigt. Ein Walnussbaum im Garten hat neben den leckeren Nüssen noch den Vorteil, dass die duftenden Blätter die Fliegen und Mücken fernhalten.

Die Echte Walnuss wird bis zu 25 m groß.

Die Echte Walnuss blüht im Mai.

| n | Feb | Mär | Apr | Mai | Jun | Jul | Aug | Sep | Okt | Nov | Dez |

Die Esche

Das Blatt der Esche besteht aus neun bis 13 Fiederblättchen. Die Fiederblättchen sind länglich eiförmig und am Blattrand gesägt. Schon vor dem Blattaustrieb erscheinen die unauffälligen Blüten. Die Fruchtstände hängen in Rispen bis weit in den Winter am Baum.
Die Flügelnüsschen sind wie beim Ahorn
Schraubenflieger und werden
mit dem Wind verbreitet.
Im Winter sind auch
die schwarzen
Knospen sehr
auffällig.

Die Esche bevorzugt
feuchte Böden, weshalb sie gern
in Auwäldern, feuchten Tälern und
Schluchten wächst. Auch in Parks
kannst du sie finden.

geflügelte
Samen

Wichtig zu wissen!

Die Esche ist der Laubbaum in
Deutschland, der mit 40 m am
höchsten wächst.

Die Esche wird bis zu 40 m groß.

Die Esche blüht von April bis Mai.

| Jan | Feb | Mär | Apr | Mai | Jun | Jul | Aug | Sep | Okt | Nov | D |

☠ Der Essigbaum

wird auch Kolben-Sumach genannt.

Die gefiederten Blätter verfärben sich im Herbst zu einem intensiv leuchtenden Orangerot. Die Fiederblättchen sind am Rand gesägt. Meist wächst der Essigbaum eher buschig, weil er sich mithilfe von Wurzelausläufern schnell ausbreitet. Er kann sich aber auch zu einem kleinen Baum entwickeln. Die jungen Zweige sind samtartig behaart, sodass sie fast wie ein bastüberzogenes Hirschgeweih aussehen. Auffällig sind auch die kolbenartigen, aufrecht stehenden großen roten Fruchtstände.

Wichtig zu wissen!

Die Blätter enthalten große Mengen Gerbstoffe. Diese können gut zum Gerben von Leder verwendet werden. Das Leder wird dadurch schön weich und deutlich heller. Da allerdings andere Sumach-Arten noch höhere Gerbstoffgehalte aufweisen, wird der Kolben-Sumach kaum noch dafür angebaut.

Wegen seiner beeindruckenden Herbstfärbung wurde der Baum schon vor 400 Jahren aus Nordamerika eingeführt. Er wird häufig in Parks und Gärten angepflanzt und wächst an sonnigen Standorten.

Der Essigbaum wird 4 bis 12 m groß.

Der Essigbaum blüht von Juni bis Juli.

Feb | Mär | Apr | Mai | Jun | Jul | Aug | Sep | Okt | Nov | Dez

☠ Der Chinesische Götterbaum

Bis zu 3 m im Jahr kann der Chinesische Götterbaum aus Stockausschlägen und Wurzeltrieben wachsen. Die großen gefiederten Blätter erinnern entfernt an Palmwedel, weshalb er von Pflanzenkundlern scherzhaft Ghettopalme genannt wird. Die graue Rinde hat ein markantes längs gestreiftes Muster. Im Herbst hängen die breit geflügelten Nüsschen in auffälligen Büscheln am Baum.

Wichtig zu wissen!

Seinen Namen verdankt er seinem enormen, „zum Himmel gerichteten" Wachstum. Wird er abgeholzt, explodiert er mit seinen neuen Trieben regelrecht. Dabei können die heimischen Pflanzen verdrängt werden. Die kräftigen Wurzeln richten auch Schäden an Straßen und Mauerwerk an.

flügelförmige Früchte

Als Erstbesiedler und Pionierbaum ist der Götterbaum sehr anspruchslos. Er wächst nicht nur in Parks und Gärten, sondern breitet sich auch auf Bahnhöfen, in Pflasterritzen und in Autobahnmittelstreifen aus. Das einzig Wichtige ist Wärme und viel Sonne. Die langen Wurzeln reichen bis zu 30 m weit und können dort neue Triebe bilden.

Der Chinesische Götterbaum wird bis 30 m groß.

Der Chinesische Götterbaum blüht von Juni bis Juli.

| Jan | Feb | Mär | Apr | Mai | Jun | Jul | Aug | Sep | Okt | Nov | D |

☠ Die Robinie

Die Blätter der Robinie haben bis zu 23 Fiederblättchen. Diese sind länglich eiförmig und haben einen glatten Rand. An der Basis der Blätter befinden sich zwei lange, spitze Dornen. Die Blüten hängen wie weiße Trauben am Baum und duften sehr stark. Bienen finden hier reichlich Nektar und stellen daraus den leckeren Akazien-honig her.

Schau genau!

Die Rinde der Robinie ist sehr rissig und tief gefurcht. Wenn du dir ihre Rinde oder die sehr grobe Rinde von anderen Bäumen genau anschaust, dann entdeckst du wahrscheinlich in den Ritzen kleine Samenkörner, Bucheckern oder aufgehackte Nüsse. Hier haben sich Kleiber, Meisen und Spechte ein paar Vorräte angelegt oder sie so festgeklemmt, dass sie sie gut aufhacken können.

Fruchtschote, ca. 10 cm lang

Dornen

Die Robinie stammt aus Nordamerika und wurde schon vor ca. 400 Jahren nach Europa eingeführt. Sie wurde in Parks, Gärten und als robuster Straßenbaum angepflanzt. Von dort aus hat sie sich stark ausge-breitet, sodass du sie jetzt leicht an Waldrändern, Schuttplätzen und trockenen Hangwäldern findest.

Fiederblättchen

Die Robinie wird bis zu 25 m groß.

Die Robinie blüht von Mai bis Juni.

| Feb | Mär | Apr | Mai | Jun | Jul | Aug | Sep | Okt | Nov | Dez |

Die Vogelbeere
wird auch Eberesche genannt.

weiße
Blütendolde

Der kleine bis mittelgroße Baum hat ca. 15 bis 20 cm lange Blätter. Die 9 bis 17 Fiederblättchen sind länglich und haben einen scharf gesägten Rand. Im Frühjahr riechen die zerriebenen frischen Blätter nach Marzipan.

 Die Vogelbeere ist ein robuster, schnell wachsender Baum. In lichten Wäldern, auf Kahlschlägen, in Gebüschen und an Wald- und Wegrändern kommt sie häufig vor. Wegen ihrer schönen Blüten und Früchte wird sie auch oft in Parks, Gärten und als Straßenbaum gepflanzt.

Wichtig zu wissen!

Die roten Vogelbeeren sind roh etwas bitter und werden in größeren Mengen nicht gut vertragen (leicht giftig). Nach dem ersten Frost oder nach dem Kochen schmecken sie aber leicht süßlich und es lässt sich sogar Marmelade daraus machen. Vor allem Drosseln lieben im Winter die vitaminreichen Beeren. Früher hat man mit den Vogelbeeren die Drosseln angelockt, um sie zu fangen.

Neuntöter auf Vogelbeere

Die Vogelbeere wird bis zu 20 m groß.

Die Vogelbeere blüht von Juni bis Juli.

| Jan | Feb | Mär | Apr | Mai | Jun | Jul | Aug | Sep | Okt | Nov | D |

Der Schwarze Holunder

Der Schwarze Holunder wächst fast immer als buschiger Strauch. Die Blätter haben meist fünf gleich große Fiederblättchen. Diese sind länglich eiförmig mit einem gesägten Blattrand. Ab Mai ist der Busch übersät mit weißlichen Blütenständen, die süßlich duften. Die schwarzen Holunderbeeren sind schon ab August reif und bei vielen Vögeln sehr beliebt. Die Fruchtstiele verfärben sich dann purpurrot.

Auf leicht feuchten Standorten fühlt sich der Holunder wohl. Du findest ihn an Waldrändern, Feldgehölzen und Auwäldern. Da früher vieles aus ihm gemacht wurde, steht er auch meist bei alten Bauernhöfen, Gärten oder Feldscheunen.

Wichtig zu wissen!

Um den Holunder ranken sich viele Sagen und Märchen. Bei den Germanen wohnte die Hausgöttin Holla oder Holda im Holunderbusch. Daraus wurde dann in den Märchen die Frau Holle. Früher war der Holunderbusch im Garten ein Schutzbaum, der vor Feuer, Unglück und Hexerei schützen sollte. Ansonsten kannst du aus den Blüten leckeren Holundersirup oder Holunderküchlein machen, aus den Beeren Marmelade oder Saft kochen. Und gegen Erkältungen und Fieber hilft er auch.

Der Schwarze Holunder wird bis zu 10 m groß.

Der Schwarze Holunder blüht von Mai bis Juni.

| n | Feb | Mär | Apr | Mai | Jun | Jul | Aug | Sep | Okt | Nov | Dez |

☠ Die Rosskastanie

Die Blätter der Rosskastanie sind unverkennbar. Ihre fünf bis sieben Fiederblätter sehen aus wie eine Hand. Auch die schönen Blütenstände sind sehr auffällig. Wie Kerzen stehen die weißen, pyramidenförmigen Blütenrispen am Baum. Ab September findest du die runden, stacheligen Früchte unter dem Baum, die ein bis drei braune Kastanien enthalten.

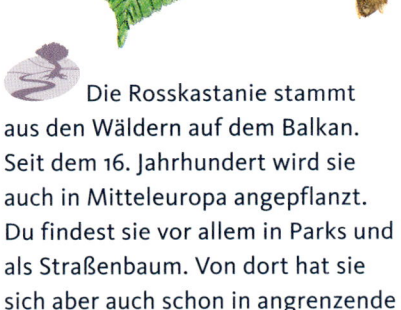

Mach mit!

Essen kann man die nahrhaften Kastanien nicht, da sie ein leichtes Gift enthalten. Wildschweine oder Rehe vertragen sie viel besser. Aber zum Basteln sind sie ideal. Mit noch ein paar anderen Früchten oder Blättern, einem kleinen Bohrer, einer Packung Zahnstocher und etwas Kleber lassen sich viele lustige Kastanienmännchen basteln.

Die Rosskastanie stammt aus den Wäldern auf dem Balkan. Seit dem 16. Jahrhundert wird sie auch in Mitteleuropa angepflanzt. Du findest sie vor allem in Parks und als Straßenbaum. Von dort hat sie sich aber auch schon in angrenzende Wälder ausgebreitet.

Die Rosskastanie wird bis zu 25 m groß.

Die Rosskastanie blüht von April bis Mai.

| Jan | Feb | Mär | Apr | Mai | Jun | Jul | Aug | Sep | Okt | Nov | D |

☠ Der Goldregen

Vor diesem Baum solltest du dich in Acht nehmen, denn er gehört zu unseren giftigsten Gehölzen! Er wächst sowohl als großer Strauch als auch als kleiner Baum. Zur Blütezeit erkennst du ihn leicht an seinen langen gelben Blütentrauben, die ihm seinen Namen gaben. Aber auch die Blätter, die aussehen wie ein großes Kleeblatt, sind einfach zu erkennen. Im Herbst hängen ca. 7 cm lange Schoten mit ihren giftigen Samen an den Zweigen.

Wichtig zu wissen!

Das schwere, aber elastische Holz wurde früher für den Bau von Armbrüsten genutzt. Heute ist es vor allem wegen seiner schönen Maserung begehrt und wird für Drechselarbeiten, Schnitzereien und den Musikinstrumentenbau genutzt.

Schote

Wegen seiner Blütenpracht wird der Goldregen gern in Gärten und Parks angepflanzt. Ursprünglich stammt er aus dem südlichen Europa. In warmen Gegenden kommt er auch verwildert vor.

Der Goldregen wird bis zu 7 m groß.

Der Goldregen blüht von Mai bis Juni.

n | Feb | Mär | Apr | Mai | Jun | Jul | Aug | Sep | Okt | Nov | Dez

☠ Die Waldrebe

Die Waldrebe ist ein Kletterstrauch, also eine Liane. Sie klammert sich mit ihren Blättern fest oder windet ihren Stängel linksherum um Äste und Zweige. Die Fiederblätter haben drei oder fünf Teilblättchen. Die weißen Blüten riechen nicht besonders gut. Im Herbst und Winter fallen die weißgrauen wolligen Fruchtstände auf. Die leichten haarigen Samen werden vom Wind verbreitet.

Erstaunlich!

Die zähen Stängel wurden früher auch als einfache Seile zum Binden genommen. Heute werden vor allem die haarigen Fruchtstände als Blumenschmuck genutzt.

Finger weg!

Pass auf, dass du den Pflanzensaft nicht auf die Haut bekommst. Die Haut kann sich entzünden und es entstehen sogar Blasen. Im Mittelalter haben sich die Bettler den Saft auf die Haut gerieben, damit sie besonders mitleiderregend aussahen und mehr gespendet bekamen.

In Auwäldern und auf anderen feuchten, nährstoffreichen Böden findest du die Waldrebe an Waldrändern und Gebüschen. Dort kann sie an günstigen Stellen ganze Baum- und Strauchgruppen überwuchern.

Die Waldrebe wird 5 bis 15 m groß.

Die Waldrebe blüht von Juni bis September.

Jan	Feb	Mär	Apr	Mai	Jun	Jul	Aug	Sep	Okt	Nov	D

☠ Der Besenginster

Der Besenginster ist ein Rutenstrauch. Seine kleinen, ein- oder dreiteiligen Blättchen fallen bald wieder ab, sodass meist nur die grünen fünfkantigen Stängel (Ruten) zu sehen sind. Diese sind so stark verzweigt, dass sich daraus prima Besen herstellen lassen.

Sind die zusammengedrückten Hülsen reif und trocknen in der Sonne, springen sie explosionsartig auf und schleudern die Samen in die Umgebung.

Schau genau!

Die Blüten sind sogenannte Explosionsblüten, die nur von dicken Hummeln bestäubt werden können. Setzt

sich eine Hummel auf die Blüte, schnellen zuerst die fünf kleinen Staubbeutel empor und schlagen an den Bauch der Hummel. Danach werden der lange Stempel und die vier langen Staubbeutel ausgelöst und schlagen der Hummel von oben auf den Rücken.

Der Besenginster ist eine Pionierpflanze, die auf kalkarmen, sandigen, steinigen oder lehmigen Böden wächst. Er braucht hohe Luftfeuchtigkeit und ist recht frostempfindlich, sodass er hauptsächlich in Westdeutschland vorkommt. Wegen seiner Blütenpracht wird er auch gern in Parks und Gärten angepflanzt.

Der Besenginster wird 1 bis 2 m groß.

Der Besenginster blüht von Mai bis Juni.

Feb	Mär	Apr	Mai	Jun	Jul	Aug	Sep	Okt	Nov	Dez

Die Fichte

Die vierkantigen Nadeln sind sehr starr, spitz und wachsen dicht schraubig um den Zweig. Die männlichen und weiblichen Blütenstände befinden sich an den oberen Zweigen. Im Gegensatz zu den Zapfen der Tanne hängen die Zapfen der Fichte nach unten. Die Fichte kann 60 m hoch werden und ist damit unser größter heimischer Baum.

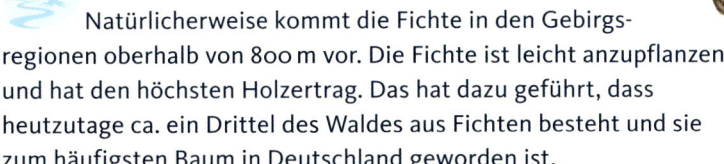

Natürlicherweise kommt die Fichte in den Gebirgsregionen oberhalb von 800 m vor. Die Fichte ist leicht anzupflanzen und hat den höchsten Holzertrag. Das hat dazu geführt, dass heutzutage ca. ein Drittel des Waldes aus Fichten besteht und sie zum häufigsten Baum in Deutschland geworden ist.

Schau genau!

Schau dir einmal die heruntergefallenen Fichtenzapfen genauer an. Einige von ihnen sind von Tieren angenagt worden. Anhand der Fraßspuren kannst du erkennen, wer den Zapfen bearbeitet hat. Mäuse nagen die Schuppen fein säuberlich ab, um an die Samen heranzukommen. Bei Eichhörnchen stehen noch Fasern ab, und bei Spechten sind die meisten Schuppen noch dran, sehen aber sehr zerhackt aus.

Die Fichte wird bis zu 60 m groß.

Die Fichte blüht von Mai bis Juni.

| Jan | Feb | Mär | Apr | Mai | Jun | Jul | Aug | Sep | Okt | Nov | |

Die Weiß-Tanne

Im Gegensatz zur piksenden Fichte sind die abgeflachten Nadelblätter der Weiß-Tanne weich. Oben sind die Nadeln dunkelgrün, auf der Unterseite haben sie zwei silberne Streifen. Die Zapfen stehen wie Kerzen am Weihnachtsbaum aufrecht am Ast. Ihren Namen hat die Weiß-Tanne von der hellgrauen Rinde.

Wichtig zu wissen!

Bekannt ist die Weiß-Tanne auch durch den etwas herb schmeckenden Tannenhonig. Den Honig sammeln die Bienen aber nicht von den Blüten, sondern von Blattläusen. Die Blattläuse bohren ihren Rüssel in die Tanne und saugen den Baumsaft. Einen Teil des süßlichen Saftes scheiden sie wieder aus – den Honigtau. Dieser wird von den Bienen eingesammelt und zu Honig verarbeitet.

In den Mittelgebirgen von Süddeutschland und den Alpen ist die Weiß-Tanne ein typischer Baum. Der Schwarzwald verdankt seinem Namen den dunklen Tannenwäldern. Leider ist die Weiß-Tanne sehr empfindlich. So sind durch die Luftverschmutzung große Tannenbestände abgestorben.

Die Weiß-Tanne wird bis zu 50 m groß.

Die Weiß-Tanne blüht im April.

| Feb | Mär | Apr | Mai | Jun | Jul | Aug | Sep | Okt | Nov | Dez |

Die Nordmann-Tanne

Die Nadeln der Nordmann-Tanne sind den Nadeln der Weiß-Tanne sehr ähnlich, stehen aber viel dichter und rings um den Zweig herum. Außerdem riechen sie beim Zerreiben leicht fruchtig. Die Blüten und aufrecht stehenden Zapfen befinden sich im Kronenbereich.

Der Weihnachtsbaum wird zum Transport eingenetzt.

Die Nordmann-Tanne wurde erst 1836 im Kaukasus entdeckt. Dort kann sie bis zu 60 m hoch werden. In Deutschland wird die Nordmann-Tanne meist als Parkbaum oder Weihnachtsbaum angepflanzt.

Wichtig zu wissen!

Heutzutage sind die beliebtesten Weihnachtsbäume Nordmann-Tannen. Die Bäume haben den Vorteil, dass die Nadeln an den vertrocknenden Zweigen nicht gleich braun werden und abfallen, sondern noch eine Weile hübsch grün haften bleiben. Außerdem sind sie schön weich und piksen nicht.

Die Nordmann-Tanne wird bis zu 30 m groß.

Die Nordmann-Tanne blüht von April bis Mai.

| Jan | Feb | Mär | Apr | Mai | Jun | Jul | Aug | Sep | Okt | Nov | D |

Der Urwelt-Mammutbaum

Den Urwelt-Mammutbaum erkennst du leicht an den hellgrünen flachen und weichen Nadeln. Diese stehen sich in zwei Reihen gegenüber. Im Herbst verfärben sie sich rötlich und fallen zusammen mit den Kurztrieben ab. Die Zapfen sind kugelig oder leicht eiförmig. Am Anfang sind sie noch grün, werden aber braun, wenn sie reifen. Die Rinde ist rotbraun, bei älteren Bäumen mehr graubraun. Sie löst sich in langen Streifen ab.

Erstaunlich!

Erst im Jahr 1941 wurde dieser Baum in einer abgelegenen Region in China entdeckt. Vorher war er nur von Versteinerungen bekannt, die ca. 30 Millionen Jahre alt waren. Wie der Ginkgo ist er also ein sogenanntes lebendes Fossil, nur nicht ganz so alt. Mit den Mammutbäumen aus Nordamerika ist er nicht näher verwandt.

Der Baum wächst ursprünglich nur in einem kleinen Gebiet in China. Er mag feuchtes Klima und ist an Bach- und Flussufern zu finden. Wegen seiner Seltenheit pflanzt man ihn in Parks, Gärten und Friedhöfen an.

Der Urwelt-Mammutbaum wird bis zu 35 m groß.

Der Urwelt-Mammutbaum blüht im Mai.

n | Feb | Mär | Apr | Mai | Jun | Jul | Aug | Sep | Okt | Nov | Dez

Die Schwarz-Kiefer

Im Vergleich zur Wald-Kiefer sind die Nadeln der Schwarz-Kiefer deutlich länger (8 bis 15 cm) und sehr gerade. Der innere Teil der Zapfenschuppen ist schwarz, das unterschei- det sie von den meisten anderen Kiefern- arten. Die Borke ist nicht rötlich, wie bei der Wald-Kiefer, sondern dunkel- grau bis schwarz- braun, daher auch ihr Name.

Wichtig zu wissen!

Außer zur Holzgewinnung werden Schwarz-Kiefern auch noch zur Harzgewinnung ge- nutzt. Ein großer Baum liefert etwa 2 kg Harz pro Jahr. Aus dem Harz wird Kolophonium und Terpentin hergestellt. Kolophonium wird zum Bei- spiel als Bogenharz gebraucht. Damit reibt man die Saiten des Geigenbogens ein.

Die Schwarz-Kiefer kommt ursprünglich aus Südeuropa. In Deutschland wird die Schwarz- Kiefer an trockenen und sandigen Standorten angepflanzt, besonders in Thüringen, Bayern und Baden- Württemberg. Du findest sie aber auch anderswo in Parks und städtischen Grünanlagen.

Die Schwarz-Kiefer wird bis zu 30 m groß.

Die Schwarz-Kiefer blüht von Mai bis Juni.

| Jan | Feb | Mär | Apr | Mai | Jun | Jul | Aug | Sep | Okt | Nov | D |

Die Wald-Kiefer

Bei der Wald-Kiefer sind die Nadeln 4 bis 8 cm lang und
stehen immer zu zweit. Sie sind leicht gedreht und
im Querschnitt fast halbkreisförmig. Die männlichen Blüten bilden so viele Pollen, dass gelbe
Pollenwolken aufsteigen, wenn man den
Zweig etwas schüttelt. Die
Samen in den Zapfen
sind erst nach zwei Jahren
reif. Die rötliche Rinde
bildet große Platten und
Schuppen, die sich leicht ablösen lassen,
zum Teil auch in papierdünnen Fetzen.

Wichtig zu wissen!

Nicht nur das Holz der Wald-Kiefer
wird genutzt. Aus den Nadeln wird
das Kiefernnadelöl gewonnen. Wahrscheinlich hast du es sogar schon
benutzt, als du erkältet warst.
Es wird näm-
lich gegen
Husten und
Schnupfen
zum Inhalie-
ren oder in
der heißen
Badewanne
als Erkältungs-
bad genutzt.

Die Wald-Kiefer
ist nicht besonders
wählerisch. Sie wächst
in nassen Mooren, aber
auch auf trockenen
Böden. Da ihr Holz
sehr beliebt ist,
wurde die Wald-Kiefer
schon früher auf
sandigen
Böden in Nord-,
Süd- und Ostdeutschland
angepflanzt.

Die Wald-Kiefer wird bis zu 40 m groß.

Die Wald-Kiefer blüht von April bis Mai.

Die Zirbel-Kiefer
wird auch Arve oder Zirbe genannt.

Bei der Zirbel-Kiefer wachsen die ca. 10 cm langen Nadeln zu fünft zusammen. Die Nadeln sind im Querschnitt dreieckig, relativ steif und haben eine stumpfe Spitze. Der Rand der Nadel ist sehr fein gesägt. Insgesamt stehen die Nadeln sehr dicht. Erst nach 40 oder 50 Jahren tragen Zirbel-Kiefern die ersten Zapfen. Die Zapfen werden bis zu 8 cm lang, 5 cm dick und fallen erst im dritten Jahr reif zu Boden.

Nadeln

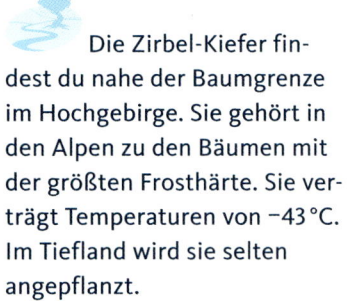

Wichtig zu wissen!

Die reifen Zapfen der Zirbel-Kiefer enthalten relativ dicke Samen, die man als Zirbennüsse essen kann. Neuerdings werden auch Hobelspäne in Kissen gefüllt, sodass man mit dem Duft des Holzes einschlafen kann. Der „Zirbengeist" ist übrigens kein Gespenst, sondern ein Schnaps, den man aus den unreifen Zapfen herstellt. Eine mühsame Arbeit, da jeder Zapfen einzeln gepflückt werden muss. Die Schmerzen bei Muskelkater werden gemildert, wenn man den Schnaps in die Haut einreibt.

Die Zirbel-Kiefer findest du nahe der Baumgrenze im Hochgebirge. Sie gehört in den Alpen zu den Bäumen mit der größten Frosthärte. Sie verträgt Temperaturen von −43 °C. Im Tiefland wird sie selten angepflanzt.

Die Zirbel-Kiefer wird bis zu 25 m groß.

Die Zirbel-Kiefer blüht von Mai bis Juni.

Jan	Feb	Mär	Apr	Mai	Jun	Jul	Aug	Sep	Okt	Nov	D

Die Latschen-Kiefer
wird auch Krummholz-Kiefer genannt.

Die etwa 7 cm langen Nadeln stehen zu zweit am Ast. Sie sind dunkelgrün und zäh. Die Zapfen sehen ähnlich aus wie bei der Wald-Kiefer. Am leichtesten erkennst du die Latschen-Kiefer an ihrer niederliegenden, buschigen Gestalt. Die Stämmchen kriechen erst über den Boden und richten sich dann auf.

Die Latschen-Kiefer wächst an der Baumgrenze im Hochgebirge oder an Stellen mit viel Geröll. Weil sie so klein ist, übersteht sie im Winter auch Lawinen. Sie wird aber auch gern als Ziergehölz in normale Gärten oder in Steingärten gepflanzt.

Erstaunlich!

Aus den Nadeln der Latschen-Kiefer wird das bekannte Latschen-Kiefer-Öl gewonnen. Es ist in vielen Produkten enthalten, die gegen Erkältung, aber auch gegen Muskelverspannung helfen sollen.

Die Latschen-Kiefer wird bis zu 3 m groß.

Die Latschen-Kiefer blüht von Mai bis Juni.

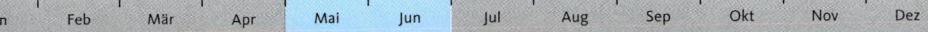

n | Feb | Mär | Apr | Mai | Jun | Jul | Aug | Sep | Okt | Nov | Dez

Die Europäische Lärche

Als einziger europäischer Nadelbaum wirft die Lärche ihre Nadeln im Herbst ab. Die hellgrünen weichen Nadeln wachsen in kleinen Büscheln am Zweig.

Die rötlichen weiblichen Blütenstände stehen nach oben, ebenso die kleinen Zapfen. Die Zapfen fallen erst nach mehreren Jahren mit den Zweigen vom Baum ab.

Eigentlich ist die Lärche eine Hochgebirgsart, die dort prima mit den eisigen Temperaturen und der Hitze klarkommt. Wegen ihrer schönen Herbstfärbung und dem widerstandsfähigen Holz ist sie aber in vielen Wäldern, Parks und Gärten angepflanzt worden.

Wichtig zu wissen!

Das Holz der Lärche ist sehr wertvoll. Da es gegen Nässe, Pilz- und Schimmelbefall recht unempfindlich ist, wird es gern für Erd- und Wasserarbeiten genutzt. Die meisten unbehandelten Holzverkleidungen, Dachschindeln oder Holzterrassen an Häusern sind aus Lärchenholz gemacht. Mit der Zeit bekommt es einen leicht grauen Überzug.

Die Europäische Lärche wird bis zu 40 m groß.

Die Europäische Lärche blüht von März bis April.

Jan	Feb	Mär	Apr	Mai	Jun	Jul	Aug	Sep	Okt	Nov	D

Die Douglasie

Die Nadeln der Douglasie sind nur ca. 3,5 cm lang, weich, flach und biegsam. Sie piksen nicht, weil sie eine stumpfe Spitze haben. Wenn du die Nadeln zerreibst, riechen sie nach Orange. Die Zapfen werden bis zu 10 cm lang und hängen nach unten. Erst wenn die Samen verstreut wurden, fallen die Zapfen herunter.

Erstaunlich!

Die größte Douglasie wurde 133 m groß und zählt damit zu den höchsten Bäumen, die jemals gemessen wurden. In Deutschland hält eine 90-jährige Douglasie mit ca. 64 m den aktuellen Höhenrekord. Das Holz der Douglasie ist sehr robust und wird für vielfältige Dinge eingesetzt: als Bauholz, für Möbel, Dielen, Parkett oder Türen.

Schuppen mit dreizipfligen Fortsätzen

Die Douglasie stammt aus dem Nordwesten Nordamerikas, wo sie in den küstennahen Bergen vorkommt. Da sie ausgesprochen schnell wächst, wurde sie als Forstbaum auch in deutschen Wäldern angepflanzt. Sonst findest du sie als Ziergehölz in Parks.

Die Douglasie wird bis zu 50 m groß.

Die Douglasie blüht von April bis Mai.

| n | Feb | Mär | Apr | Mai | Jun | Jul | Aug | Sep | Okt | Nov | Dez |

☠ Der Wacholder

Die säulenartige Wuchsform kennzeichnet den Wacholder. Jeweils drei sehr spitze, stechende Nadeln sitzen quirlartig am Zweig. Ein grau-weißes Band läuft in der Mitte der Nadel. Die kleinen männlichen Blütenstände sind recht unauffällig. Aus den weiblichen Blüten entwickeln sich im Herbst dunkelblaue beerenähnliche Zapfen.

Wichtig zu wissen!

Obwohl Schafe und Ziegen den Wacholder verschmähen, wird er von uns zum Kochen genutzt: Mit den Holzspänen des Wacholders kann man leckeren Fisch oder Schinken räuchern; die aromatischen Zapfenbeeren dagegen würzen zum Beispiel Sauerkraut oder Braten. Roh essen solltest du sie aber auf gar keinen Fall!

Der Wacholder ist sehr häufig. Die schönsten Sträucher findet man auf ehemaligen Schafweiden, zum Beispiel in der Lüneburger Heide oder auf der Schwäbischen Alb. Die piksigen Wacholdernadeln werden nämlich nicht von Schafen und Ziegen gefressen und können sich so prima entwickeln.

Der Wacholder wird bis zu 10 m groß.

Der Wacholder blüht von April bis Mai.

| Jan | Feb | Mär | Apr | Mai | Jun | Jul | Aug | Sep | Okt | Nov | D |

☠ Der Abendländische Lebensbaum

wird auch Thuja genannt.

Die stumpfen Blätter sind flach und schuppenförmig. Im Gegensatz zur mattgrünen Blattoberseite ist die Unterseite deutlich heller. Zerreibst du die Schuppenblätter zwischen deinen Fingern, riechen sie leicht nach Apfel und Nelke. Die männlichen und weiblichen Blüten sind sehr unauffällig. Im Herbst reifen die vielen kleinen schuppenförmigen Zapfen.

Schau genau!

Die Thuja ist zu einer beliebten Heckenpflanze geworden, da sie sich gut beschneiden lässt. Leider ist die Thuja für die heimische Tierwelt sehr unattraktiv. Alle Pflanzenteile sind giftig! So findest du nur sehr wenig Tiere, die in der Nähe einer Thuja leben. Für einen naturnahen Garten sind heimische Sträucher und Bäume viel besser, zum Beispiel Eibe, Schlehe, Kornel-Kirsche oder Hainbuche. Hier finden viele Tiere etwas zu fressen und lassen sich gut beobachten.

Der Abendländische Lebensbaum stammt aus Nordamerika und wurde schon im 16. Jahrhundert nach Europa gebracht. Hier wird er oft in Parks, Gärten und auf Friedhöfen angepflanzt.

Der Abendländische Lebensbaum wird bis zu 20 m groß.

Der Abendländische Lebensbaum blüht von April bis Mai.

☠ Die Eibe

Die Nadeln der Eibe sind ledrig weich und stechen nicht. Die Oberseite ist dunkelgrün, die Unterseite hat zwei breite helle Streifen. Es gibt männliche und weibliche Bäume, die weiblichen Bäume erkennst du im Herbst leicht an den leuchtend roten Früchten. Der Kern ist von einem roten Samenmantel umgeben. Vorsicht: Alle Teile der Eibe sind sehr giftig! Lediglich der rote Samenmantel ist ungiftig und wird von Vögeln gern gefressen.

Wichtig zu wissen!

Früher gab es viele Eibenwälder, aber das harte und elastische Holz war im Mittelalter sehr begehrt. Aus dem Holz wurden vor allem Waffen gemacht wie Speere, Bögen und Armbrüste. So wurden die Eibenbestände sehr stark reduziert.

Die Eibe ist zwar in Europa weit verbreitet, aber in den Wäldern nur selten zu finden. Häufiger findest du sie in Gärten und Parks, wo sie auch häufig als Hecke gepflanzt wird. Eiben können sehr alt werden. Die älteste deutsche Eibe wird auf ca. 2 000 Jahre geschätzt.

Die Eibe wird bis zu 20 m groß.

Die Eibe blüht von Februar bis April.

Der Riesen-Mammutbaum
wird auch Wellingtonie genannt.

Die mächtigste Baumart der Erde hat kurze, spitz zulaufende Nadeln, die dicht am Zweig anliegen. Dadurch haben sie ein schuppenförmiges Aussehen und werden auch „Schuppenblätter" genannt. Die Zapfen werden ca. 7 cm lang, 4 cm breit und sehen etwas tonnenförmig aus. Charakteristisch ist die rötliche Rinde, weshalb der Mammutbaum in Amerika auch „Redwood" (= Rotholz) genannt wird.

Erstaunlich!

Die Riesen-Mammutbaum gehört zu den Rekordhaltern unter den Bäumen: Der höchste jemals gemessene Mammutbaum soll 135 m hoch gewesen sein; sein Stammdurchmesser liegt bei ca. 12 m! Es gibt keine andere Baumart, die ein so großes Volumen und Gewicht hat. Die Rinde des Mammutbaums ist ca. 50 cm dick, damit können sie so manchen Waldbrand überstehen und 2 500 Jahre oder sogar noch älter werden.

In seiner Heimat in Nordamerika wächst er nur an bestimmten Stellen an der Westküste. Bei uns wird er häufig in Parks oder Arboreten (Sammlung verschiedenster Baum- und Straucharten) angepflanzt, für Gärten wird er viel zu groß.

Der Riesen-Mammutbaum wird bis zu 55 m groß.

Der Riesen-Mammutbaum blüht von März bis April.

So wirst du zum Baum-Experten!

Damit du dir die Bäume und Sträucher und ihre Besonderheiten gut merken kannst, solltest du dir eine
Blattsammlung anlegen. Dafür suchst du von jedem Baum,
den du bestimmt hast, ein **typisches Blatt** und presst es

zwischen Zeitungspapier in
einem dicken Buch. Nach
einer Woche ist das Blatt
getrocknet. Dann kannst
du es auf ein weißes
Blatt Papier aufkleben und in einem
Ordner sammeln. Daneben schreibst du
den Namen der Pflanze, den Ort und das
Datum, an dem du es gesammelt hast.
Sammle ruhig mehrere Blätter aus verschiedenen Jahreszeiten, denn Blätter
verändern sich im Lauf des Jahres. Manche haben zum Beispiel im Frühling
noch viele kleine Härchen, die sie während des Sommers verlieren.

Natürlich kannst du auch **Blüten und Früchte** sammeln,
trocknen und aufkleben, aber Vorsicht bei den giftigen
Arten! Bei dicken Blüten
und Früchten ist es
einfacher, ein Foto zu
machen und es aufzukleben.
So kannst du Stück für
Stück deine eigene
Blättersammlung
vervollständigen und
hast am Ende ein ganz
persönliches
Baum-
Album!

Erstaunlich!

Die Welwitschia hat nur zwei
Blätter! Sie lebt in der Wüste
Namibias. Die Blätter wachsen
ständig weiter, sie sterben nur an
der Spitze nach einigen Jahren ab.

Wichtig zu wissen!

Willst du wissen, wie hoch der Baum ist, vor dem du gerade stehst? Das kannst du ohne komplizierte Geräte herausfinden, du brauchst nur einen kurzen Stock und einen Freund. Dein Freund stellt sich neben den Baumstamm. Du gehst nun ein paar Meter zurück, bist du die Baumspitze siehst. Jetzt hältst du den Stock mit ausgestrecktem Arm senkrecht vor dich hin, sodass die Enden des Stocks vom Fuß des Stammes bis zur Spitze des Baumes reichen. Eventuell musst du den Stock noch kürzen oder deinen Abstand so verändern, dass es passt. Jetzt kippst du den Stock um 90 Grad zur Seite. Nun läuft dein Freund vom Baum zum Stockende. Wenn ihr wisst, wie groß die Schrittlänge von deinem Freund ist, könnt ihr jetzt die Höhe des Baums bestimmen. Das ist nämlich der Abstand vom Baum bis zum Stockende.

Mach mit!

Stell dich im Wald zu einer Gruppe von Bäumen. Jetzt lass dir die Augen verbinden, dich ein paar Mal im Kreis drehen und zu einem Baum führen. Diesen Baum ertastest du mit deinen Händen: Wie fühlt sich seine Borke an, hat er Beulen und wie dick ist der Stamm? Dann wirst du wieder mit vielen Drehungen und Zickzacklaufen auf deinen Ausgangspunkt zurückgeführt. Mit offenen Augen musst du jetzt herausfinden, welchen Baum du abgetastet hast. Gar nicht so leicht, oder?

Erstaunlich!

Als die dicksten Bäume gelten die afrikanischen Affenbrotbäume, die einen Durchmesser von über 10 m ereichen können!

Wie ein Baum entsteht

Du hast dich sicher
schon mal gefragt, wie
aus einem kleinen Samen
ein mächtiger Baum wird.

Alles fängt im **Herbst** an, wenn die reifen
Früchte mit ihren Samen zu Boden fallen.
Um keimen zu können, brauchen die
meisten Samen den Kältereiz aus dem
Winter. So wird verhindert, dass sie in
der empfindlichen Phase des Keimens
erfrieren, denn erst dann „wissen" die
Samen, dass sie – wenn es im Frühling
wieder warm wird – einen **Sommer** lang
Zeit zum Wachsen haben.

Das hat die Natur ganz geschickt
eingerichtet, findest du nicht auch?
Doch bis in den Frühling überleben
die meisten Samen gar nicht, vorher
werden sie von Wildschweinen, Rehen,
Eichhörnchen, Mäusen oder Vögeln
gefressen, oder sie fallen auf Böden, auf
denen es zu steinig oder zu trocken zum
Wachsen ist. Trotzdem ist im **Frühling**
der Waldboden an vielen Stellen
übersät mit keimenden
Bäumen. Und jetzt beginnt
der Kampf ums Licht. Nur
wer schnell genug wächst
oder mit dem
wenigen Licht
zurechtkommt,
kann weiterwachsen.

Erstaunlich!

Eichhörnchen und Eichelhäher
werden auch „Gärtner des Waldes"
genannt. Im Herbst sammeln sie
nämlich viele Samen und vergra-
ben sie als Wintervorrat im Boden.
Doch sie finden nicht alle wieder.
Diese „vergessenen" Samen haben
in der lockeren Erde dann oft die
besseren Startbedingungen.

Eichelhäher

Eichhörnchen

Die nächsten 10 bis 15 Jahre besteht für den noch jungen Baum die Gefahr, von Rehen, Hirschen oder Mäusen angenagt und beschädigt zu werden. Erst ab einer gewissen Größe macht den Bäumen das nicht mehr so viel aus. Das Wichtigste, was die Bäume weiterhin brauchen, ist **Licht**. Solange ein dichtes Blätterdach den Waldboden beschattet, wachsen die jungen Bäume nur langsam. Doch sobald ein alter Baum abstirbt oder gefällt wird und das Licht wieder bis zu den Jungenbäumen vordringt, geht das „Um-die-Wette-wachsen" wieder los, bis das Kronendach erneut geschlossen ist.

Wichtig zu wissen!

In einem natürlichen Wald entscheidet die Natur, welcher Baum sich durchsetzt. In einem Forst achtet der Förster darauf. Er fördert die Bäume, die besonders gerade wachsen, die wenigsten Äste haben und sich hoffentlich später gut verkaufen lassen. Die anderen Jungbäume werden vom Förster nach und nach gefällt.

Kastanie

Eichel

Mach mit!

Wenn du im Herbst Eicheln, Kastanien oder Walnüsse in einen Blumentopf pflanzt, kannst du im Frühling zuschauen, wie ein Baum entsteht. Die junge Pflanze kannst du dann in deinem Garten einpflanzen und ihr Wachstum Jahr für Jahr weiterverfolgen. Das ist dann „dein Baum"!

Ab durch die Luft

Wenn es im Frühling eine längere
Trockenzeit gibt, findest du
überall eine **gelbe Staub-
schicht**, zum Beispiel auf Autos,
Fensterbänken, Teichen oder
Pfützen. Das sind fast alles die
Blütenpollen von Bäumen.

Blüte der
Hänge-Birke

Wichtig zu wissen!

Dank der Pollen wissen die sogenannten Pollenkundler, was für
Bäume in den letzten 15 000 Jahren
in Mitteleuropa standen. Denn
Pollen sind ziemlich robust und
können in den Ablagerungen von
Seen und Mooren überdauern und
dort von den Wissenschaftlern
aufgespürt werden. So konnten die
Pollenkundler feststellen, dass nach
der letzten Eiszeit zuerst Birken,
Kiefern und Weiden, später Haseln
und Eichen die häufigsten Bäume
waren. Heute sind es die Buchen.

Blüte der
Hainbuche

Weißt du eigentlich, wie die
Blüten von Birke, Buche oder
Eiche aussehen? Wahrscheinlich
nicht, denn sie blühen ziemlich unauffällig. Mach dich doch mal auf die Suche
nach ihnen! Sie brauchen keine bunten Blüten,
um Insekten anzulocken, denn die Pollen
werden mit dem Wind
verbreitet. Damit ein
Pollenkorn zufällig
auf der Narbe einer
weiblichen Blüte landet, müssen
Unmengen Pollen produziert
werden.

Blüte der
Stiel-Eiche

Erstaunlich!

Eine einzige Eichenblüte
entlässt ca. 40 000 Pollen-
körner, bei einer Tanne
sind es sogar 200 000!
Leider finden eine ganze
Menge Pollen auch den
Weg in unsere Nasen
und Augen. Dort lösen
sie bei vielen Men-
schen Heuschnupfen
aus, die dann mit trä-
nenden Augen und
ständigem Niesen zu
kämpfen haben.

Doch nicht nur die
Pollen werden durch
die Luft verbreitet. Im
Herbst nutzen auch
viele **Samen** den Weg
durch die Luft, um neue
Gebiete zu besiedeln.

Schau genau!

Die kleinsten Samen haben die Weiden und Pappeln. Mithilfe eines Haarkranzes schweben sie weite Strecken durch die Luft. Auch Birkensamen trägt der Wind über große Entfernungen, dafür haben sie zwei kleine Flügel. Hast du sie schon mal gesehen?
Die geflügelten Samen von Ulme, Esche, Hainbuche und Ahorn sind deutlich schwerer und fliegen nicht so weit. Sie trudeln mit kreiselnden Bewegungen, wie ein Hubschrauber, langsam zu Boden. Mithilfe eines Tragblattes fliegt der Lindensamen in ähnlicher Weise. Probier doch mal aus, wie unterschiedlich die Samen fliegen, indem du sie zum Beispiel aus dem Fenster wirfst und ihnen beim Flug zuschaust.

Spitz-Ahorn

Hänge-Birke

Feld-Ulme

Erstaunlich!

Kastanien, Eicheln und Bucheckern sind zu schwer, um vom Wind verbreitet zu werden. Sie sind auf die Mithilfe von Tieren angewiesen, die sie als Wintervorrat verstecken und dann vergessen. Größere Entfernungen können die Samen von Äpfeln, Ebereschen, Eiben und Holundern zurücklegen: Sie sind in leckeren Früchten verborgen, werden von Tieren gefressen, aber später unverdaut wieder ausgeschieden. Wenn sie auf fruchtbarem Boden landen, haben sie die besten Chancen, ein großer Baum zu werden.

Was braucht ein Baum zum Leben?

Wie fast jede Pflanze braucht ein Baum **Luft**, **Licht**, **Wasser** und **Nährstoffe**, um wachsen zu können. Er arbeitet wie eine kleine Fabrik mit Kraftwerk, Versorgungsleitungen, Produkten und Abfällen. Die **Energie** bekommt der Baum von seinen vielen grünen Solarzellen, den Blättern. Hier sitzt das **Blattgrün**. Es fängt einen Teil der **Sonnenenergie** ein und wandelt sie mithilfe des **Kohlendioxids** aus der Luft in **Traubenzucker** um. Als Nebenprodukt entsteht dabei **Sauerstoff**, den Stoff, den wir zum Atmen brauchen. Dieser Vorgang heißt **Fotosynthese**. Das ist der wichtigste Ablauf auf unserer Erde, ohne den es kein Leben geben würde, wie wir es heute kennen. Mit dem Traubenzucker kann der Baum jetzt Holz, neue Blätter, Blüten und Früchte herstellen oder ihn als Reserve speichern. Vereinfacht kann man sich die Fotosynthese so vorstellen:

Wichtig zu wissen!

Eine Stiel-Eiche braucht ca. 60 Jahre, bis sie die ersten Früchte bildet, dafür kann sie aber auch bis zu 1000 Jahre alt werden. Auch die Buche braucht mindestens 30 Jahre für die ersten Bucheckern. Erst nach ca. 200 bis 300 Jahren ist sie voll ausgewachsen.

Rot-Buche

Stiel-Eiche

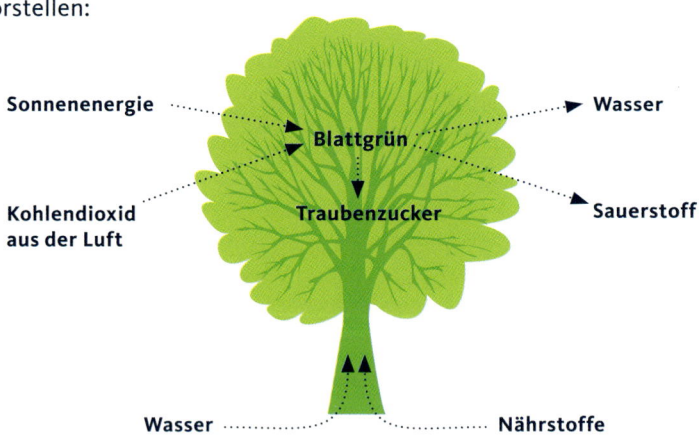

Sonnenenergie · · · · · · · · · · · · · · · · · ·▶ Wasser

Blattgrün

Kohlendioxid
aus der Luft

Traubenzucker · · · · · · · · · · ▶ Sauerstoff

Wasser · · · · · · · · · · · · · · · · Nährstoffe

Erstaunlich!

Eine große ausgewachsene Buche hat etwa 600 000 Blätter. An einem sonnigen Tag verbraucht der Baum 400 l Wasser – also etwa 2,5 volle Badewannen – und bildet damit 12 kg Zucker – das sind 4 000 Stücke Würfelzucker – sowie Sauerstoff für uns Menschen.

Rot-Buche

Mach mit!

Im Frühling kannst du sogar hören, wie der Baumsaft durch die Rinde fließt! Denn jetzt schickt der Baum Nährstoffe in die Zweige, um neue Blätter zu bilden. Im Winter waren sie in den Wurzeln und im  Stamm gespeichert. Damit du das schlürfende Geräusch hören kannst, brauchst du ein (Spielzeug-)Stethoskop. Probier es an einem sonnigen und warmen Frühlingstag an verschiedenen Bäumen aus. Bei Bäumen mit dünner Rinde wie Kirsche, Birke oder Ahorn, klappt es am besten.

Doch wie kommen das Wasser und die Nährstoffe an die Stellen, an denen der Baum sie braucht? Dafür hat der Baum zwei verschiedene **Leitungssysteme**. In dem einen werden das Wasser und die darin gelösten Salze transportiert. Das andere Leitungssystem befördert den Zucker an die benötigten Stellen.

Aber wie kommt das Wasser in die Blattspitzen? Der Baum nutzt den **Transpirationssog**: Über winzige Öffnungen in den Blättern verdunstet der Baum Wasser, er schwitzt also. Dabei entsteht in den Leitungsbahnen ein Sog, der dafür sorgt, dass aus den Wurzeln Wasser nachgezogen wird. Bei ca. 130 m ist Schluss, dann wird der Wasserfaden in der Röhre so schwer, dass er abreißt. Die größten je gemessenen Bäume sind etwa 135 m hoch. Klar, denn mehr geht wegen des beschriebenen Transpirationssogs gar nicht.

Erstaunlich!

Aktuell ist der höchste Baum der Erde ein Küstenmammutbaum in Kalifornien mit ca. 115 m. Der höchste Baum in Deutschland steht in Freiburg und ist eine 63,33 m große Douglasie.

Schicht für Schicht

Ein **Querschnitt** durch einen Baumstamm zeigt dir, wie ein Baum auf-gebaut ist. Ganz innen ist das tote **Kern-holz**. Bei einigen Bäumen, wie der Buche, hat es eine andere Farbe.

Kernholz

Kambium

Bast

Borke

Splintholz

Danach kommt das noch lebende **Splintholz**. Hier verläuft der Wasser-transport durch den Baum und hier kann Zucker gespeichert werden. Dann kommt die wichtigste Schicht, die Wachstumsschicht des Baumes: das **Kambium**. Nach innen bildet es neues Splintholz, wodurch der Baum immer dicker wird. Das kannst du auch an den **Jahresringen** sehen. Und nach außen bildet es neuen Bast, die nächste Schicht des Baumes.

Im **Bast** verläuft die Leitungsbahn, die den in den Blättern gebildeten Zucker transportiert.

Als letzte Schicht kommt die **Borke**. Sie entsteht durch die abgestorbenen Teile der Bastschicht. Die Borke ist sehr wichtig, weil sie den Baum vor Sonne, Regen, Wind, Hagel, Feuer, Käfern und Pilzen schützt.

Der Bast und die Borke werden bei Bäumen als die eigentliche **Rinde** zusammengefasst.

Wichtig zu wissen!

Wird die Rinde verletzt, ist das gar nicht gut für den Baum, denn dann können Bakterien und Pilze in den Baum eindringen. Des-halb mögen es Förster gar nicht, wenn Rehe, Hirsche oder Hasen im Winter an der Baumrinde herum-knabbern.

Spuren vom
Rothirsch am
Baumstamm

Winterpause

Werden im Herbst die Tage kürzer und die
Nächte kälter, muss sich der Baum auf den
Winter vorbereiten. Das größte Problem für
den Baum im Winter ist das **Wasser**, wusstest
du das? Ist der Boden gefroren, kann der Baum
kein Wasser mehr aufnehmen. Also muss
er dafür sorgen, dass er kein Wasser mehr
verbraucht. Dafür muss der **Laubbaum** die
Blätter loswerden, weil hier das meiste Wasser
verdunstet. Bevor er sie abwirft, werden alle
wichtigen Nährstoffe aus den Blättern entzo-

herbstliches Farbenmeer

gen und in Wurzeln und Stamm gespeichert. Dabei wird in den Blättern
auch das Blattgrün abgebaut. Zum Vorschein kommen jetzt die anderen
Farbpigmente, die ebenso wie das Grün in den Blättern enthalten sind, und
tauchen den Wald in ein Farbenmeer aus **Braun-**, **Gelb-**, und **Rottönen**.

Die **immergrünen Sträucher** und **Nadelbäume** behalten dagegen ihre
Blätter. Sie sind auf **Wassersparen** eingestellt. Die Blätter und Nadeln sind
zäh, ledrig und haben meist eine dicke Wachsschicht auf der Oberfläche.
Ihre Spaltöffnungen auf den Blättern können sie bei Frost und Trockenheit
schließen. So verdunstet nur sehr wenig Wasser.

Tanne im Winter

Mach mit!

Gerade im Herbst, wenn es viele Früchte und
Blätter gibt, kannst du daraus schöne Muster
und Bilder legen. Natürlich auch mit Ästen,
Steinen und allen anderen Dingen,
die du findest. Ein schönes
großes Waldmandala
auf den Waldweg
gelegt erfreut auch
die nächsten
Spaziergänger.

Der Wald

Mach mit!

Wie der Wald die Temperatur beeinflusst, kannst du leicht selbst feststellen, indem du im Sommer die Temperatur in der Stadt, auf dem offenen Feld und im Wald misst. In der Stadt ist es am wärmsten, im Wald am kühlsten. Was für Temperaturschwankungen kannst du feststellen?

Ein Wald hat viele wichtige Funktionen für uns und unsere Natur. Aber weißt du auch, welche?

Der Wald ist zum Beispiel ein hervorragender **Wasserspeicher**. Moose, Pilze und all die Hohlräume zwischen den Wurzeln saugen den Regen auf wie ein

Waldboden

Schwamm und geben ihn dann langsam an das Grundwasser ab. Damit verhindert er so manche Überschwemmung. Fass doch mal nasses Moos an, wie fühlt sich das an?

In den Bergen ist der Wald der wichtigste **Schutz gegen Lawinen**. Deshalb werden die Bergwälder oberhalb von Siedlungen besonders gut geschützt.

Ohne Wald wäre es bei uns auch viel wärmer. Dank des Waldes kommt es auch zu einem **Luftaustausch**. Während über der Stadt die warme Luft nach oben steigt, zieht am Boden die kalte Luft aus dem Wald zur Stadt und verhindert, dass es noch heißer und stickiger wird.

Zu guter Letzt ist der Wald ein riesiger **Filter**. Im Frühling ist er zwar wegen der Pollen ein großer Staubproduzent, aber in der restlichen Zeit filtern die vielen Blätter ungeheure Mengen Staub aus der Luft. Und er filtert nicht nur Staub, sondern auch Geräusche. Schon nach wenigen hundert Metern hörst du von einer Straße keinen Ton mehr.

Spiel und Spaß!

Außerdem ist der Wald auch ein toller Spielplatz! Bäume sind nicht nur interessant und schön anzuschauen, du kannst auch jede Menge Spaß mit ihnen haben!

Mach mit!

Hast du schon mal Waldmemo gespielt? Das geht so: Der Spielleiter sucht sich ca. 10 bis 15 Gegenstände (Früchte, Blätter, Rindenstücke, Schnecken-häuser ...), die er im Wald findet. Diese legt er auf den Waldboden und deckt sie mit einem Tuch ab. Jetzt lässt er euch 20 bis 30 Sekunden die Gegenstände betrachten, bevor er das Tuch wieder darüberlegt. Wer innerhalb einer festgelegten Zeit die meisten der Gegen-stände im Wald wiederfindet, hat gewonnen.

Mach mit!

Auf Bäume zu klettern macht ziemlich viel Spaß, ist aber auch nicht ganz ungefährlich. Gefahr-loser geht es in die Baumwipfel in einem Waldklettergarten. Gut gesichert kannst du dich sportlich austoben und schauen, wie es wei-ter oben in den Bäumen aussieht. Neuerdings gibt es auch Baumwip-felpfade. Dort läufst du bequem auf einem Steg durch die höchsten Baumkronen. Ein tolles Erlebnis!

Baumwipfelpfad

Mach mit!

Bäume haben ganz unterschiedliche Borken. Wie verschieden sie sind, kannst du feststellen, wenn du Borkenabdrücke machst. Du hältst ein weißes Blatt Papier an den Stamm und rubbelst mit einem weichen und breiten Stift vorsichtig darüber. So überträgt sich das Muster der Borke auf das Blatt. Hübsch, oder? Diese Seiten kannst du auch in deinen Ordner mit der Blattsammlung einheften.

Komische Gebilde

Wenn du dir Linden, Birken, Pappeln, Erlen, Ahorn- oder Kirschbäume genau anschaust, wirst du sicher bald einen Baum finden, der am Stamm einen dicken Knubbel oder eine große Beule hat. Die Auswüchse werden **Maserkröpfe** genannt oder auch als **Holzkrebs** bezeichnet. Sie werden oft durch eine Infektion hervorgerufen, die den Baum dazu veranlasst, solche Wucherrungen auszubilden.

Maserkropf an einer Linde

Sind die Beulen an den Bäumen besonders groß, kann der Baum daran sogar sterben. Tischler und Drechsler freuen sich dagegen über solches Holz, denn es ist besonders hart und hat eine tolle Maserung.

Eichengalle am Blatt

Mach mit!

Um rauszufinden, wer in den Gallen wohnt, kannst du im Oktober oder November ein paar Blätter mit Gallen sammeln, in verschiedene Gläser legen und mit feinem Stoff (Gaze) gut verschließen. Achte darauf, dass die Gallen kein Loch haben, denn sonst sind ihre Bewohner schon geschlüpft. Halte die Gallen immer etwas feucht, aber nicht so stark, dass sie anfangen zu schimmeln. Wenn du Glück hast, schlüpfen irgendwann ihre Bewohner. Vergesse nicht, die Gallwespen wieder dort freizulassen, wo du die Gallen eingesammelt hast.

Gallwespe

Auch an Blättern findest du häufig komische Knubbel, Kugeln oder andere Gebilde. Diese Auswüchse werden **Pflanzengallen** genannt. Sie werden von Insekten, Milben, Pilzen oder Bakterien ausgelöst, die das Blatt dazu veranlassen, solche Gallen wachsen zu lassen. Die meisten Gallen entstehen durch Insekten und Milben, die von den Tieren oder ihrem Nachwuchs bewohnt werden.

Erstaunlich!

Das leichteste Holz stammt vom Balsabaum aus Südamerika. Es ist fast so leicht wie Styropor und wird gern für Modellbauten verwendet. Zu den schwersten und härtesten Hölzern gehören die Guajak-Bäume aus Mittelamerika. Sie sind so schwer, dass sie im Wasser untergehen.

Für eine andere seltsame Wuchsform sind Pilze verantwortlich. Sind diese Pilze in das Holz eingedrungen, regen sie den Baum dazu an, an dieser Stelle immer neue Zweige zu bilden. Bald entsteht ein dichtes buschiges Zweignest, hast du so was schon mal gesehen? Da es an einen **Hexenbesen** erinnert, wird es auch so genannt.

Nicht immer ist ein buschiges Zweignest ein Hexenbesen. Wenn du genau hinschaust, erkennst du nämlich, dass viele dieser Büschel auch im Winter grün sind. Dann hast du eine **Mistel** entdeckt. Misteln sind aber keine Wucherungen, die vom Baum gebildet werden, sondern Pflanzen, die oben in den Bäumen wachsen. In Deutschland ist es eher ungewöhnlich, dass Pflanzen auf Bäumen wachsen. Bei uns ist es dafür eigentlich zu trocken. Häufig kommt das aber in den Tropen vor, denn dort ist es feucht genug.

Wichtig zu wissen!

Um oben auf den Bäumen wachsen zu können, wendet die Mistel einen Trick an: Sie bohrt ihre Wurzeln in das Holz des Baumes und zapft dessen Leitungsbahnen an. Von dort bekommt sie ihr Wasser und die Mineralsalze. Da sie Blattgrün hat, produziert sie ihre Energie selbst. Sie wird deshalb Halbschmarotzer genannt.

Misteln

Von Kupferstechern und Schwefelporlingen

Kupferstecher, Buchdrucker oder Großer Waldgärtner – das sind keine Berufe von heute, es sind Namen von **Borkenkäfern**. Ihre Larven leben in der Rinde und fressen sich durch die lebenswichtige Bastschicht des Baumes. Ist der Baum davon stark befallen, stirbt er ab. Besteht der Wald fast nur aus einer Baumart (Monokultur), zum Beispiel Fichten, dann kann der ganze Wald zerstört werden.

Mach mit!

Wenn du an abgestorbenen Bäumen die Rinde löst, kannst du die Fraßgänge der Buchdruckerlarven gut sehen. Sie hinterlassen charakteristische Muster, an denen du die Art bestimmen kannst.

Borkenkäfer

Erstaunlich!

In Schweden hat man vor Kurzem eine Fichte entdeckt, die auf 9 950 Jahre geschätzt wird. Vorher hielt eine Grannenkiefer in den USA mit 4 800 Jahren den Altersrekord.

Erstaunlich!

Die Wurzeln australischer Eukalyptusbäume hat man noch in einer Tiefe von ca. 220 m gefunden!

Eichenprozessionsspinner

Ähnliches kann passieren, wenn **Raupen**, wie zum Beispiel der Eichenprozessionsspinner, in Massen auftreten. Sie können den Bäumen ganz schön zu schaffen machen und ein Waldgebiet, besteht es nur aus Eichen, richtig kahl fressen. Zum Glück können die meisten Bäume nach dem großen Fressen noch mal neue Blätter austreiben. Oft werden diese befallenen Waldgebiete sogar abgesperrt, denn die giftigen Brennhaare der Raupen fliegen durch die Luft und reizen unsere Haut sehr stark.

Schau genau!

Schaust du dir die Bäume mal etwas genauer an, kannst du deutliche Unterschiede zwischen den Exemplaren erkennen: Bei Laubbäumen, wie der Buche, gibt es Bäume mit dichter und reich belaubter Krone. Andere haben dagegen weniger Blätter, die sich schon früh braun färben oder sie haben sogar schon dürre und vertrocknete Zweige. Diese Bäume sind nicht mehr gesund. Der Förster spricht dann von Waldschäden. Besonders Nadelbäume wie die Fichte sind davon betroffen. Kranke Fichten haben deutlich weniger und gelbliche Nadeln sowie stark hängende Zweige.

Schwefelporling

Häufig findest du am Baumstamm sogenannte **Baumpilze**. Das ist nicht gut für den Baum, denn die Pilze zersetzen den Baumstamm langsam von innen. Von außen siehst du nur den Fruchtkörper, aber der Pilz besteht größtenteils aus einer Art feinem Fadengeflecht, das große Teile des Baumstammes durchzieht. Einem gesunden Baum können die Baumpilze nichts anhaben, durch die Rinde kommen sie nicht durch, aber eine kleine Verletzung reicht aus, damit sich Schwefelporling, Zunderschwamm oder Hallimasch im Baum ausbreiten können.

Zunderschwamm

Hallimasch

Schnelle Suche mit Stichwörtern

ENTDECKEN. ERKENNEN. ERLEBEN.

Macht Spaß. Macht Sinn.
Die Natur schützen mit dem
NABU. Mach mit!

www.NABU.de/aktiv

© NABU/E. Neuling

Feld-Ahorn
56

Eingriffeliger Weißdorn
57

Elsbeere
58

Tulpenbaum
59

Stiel-Eiche
60

Trauben-Eiche
61

Rot-Eiche
62

Efeu
63

Silber-Pappel
64

Zitter-Pappel
65

Ginkgo
66

Echte Walnuss
67

Gemeine Esche
68

Essigbaum
69

Chinesischer Götterbaum
70

Robinie
71

Vogelbeere
72

Schwarzer Holunder
73